校本教研亮点丛书

首席学术顾问: 顾泠沅

丛书执行主编: 胡庆芳

让孩子灵性成长：

青少年野外活动教育创新

顾建国 胡庆芳 陈培明 等 著

教育科学出版社

·北 京·

责任编辑　殷　欢
责任校对　张　珍
责任印制　曲凤玲

图书在版编目（CIP）数据

让孩子灵性成长：青少年野外活动教育创新/顾建国等
著. —北京：教育科学出版社，2010.9（2013.5 重印）
　（校本教研亮点丛书/胡庆芳主编）
ISBN 978 - 7 - 5041 - 5225 - 1

Ⅰ.①让… Ⅱ.①顾… Ⅲ.①体育活动—教学研究—中小学
Ⅳ.①G633.962

中国版本图书馆 CIP 数据核字（2010）第 187950 号

出版发行	教育科学出版社				
社　　址	北京·朝阳区安慧北里安园甲 9 号		市场部电话	010—64989017	
邮　　编	100101		编辑部电话	010—64981245	
传　　真	010—64891245		网　　址	http://www.esph.com.cn	
经　　销	各地新华书店				
印　　刷	莱芜市东方彩印有限公司		版　　次	2010 年 9 月第 1 版	
开　　本	170 毫米×228 毫米　16 开		印　　次	2013 年 5 月第 2 次印刷	
印　　张	10.5		印　　数	6 001—8 000 册	
字　　数	177 千		定　　价	20.00 元	

目　　录

在世界上许多国家,青少年野外活动教育和学校教育一样受到教育界的重视和大力推行。野外活动教育所体现的是一种鲜活的体验教育和主体的实践行动,这种教育跳出了以系统学科知识为主脉络和以应试升学为主方向的学校课堂实施模式,把教育的场所直接搬进了广阔的大自然,真正实现了"没有校园围墙"、自由开启旨在培养"全人"的教育历程。

世界各国在大力推行青少年野外活动教育的过程中,笃信青少年野外活动教育是学校教育的有益补充,具有学校教育不可替代的卓越功能,突出表现为:培养青少年对大自然的亲近感和保护生态环境的社会责任感,培养青少年在任务情境中的问题解决能力与动手实践能力,培养青少年在野外环境中的审美情趣与表现表达能力,以及在野外环境中的探秘精神和探险能力。

从世界各国青少年野外活动教育的生动实践中,可以看到一些共同的发展趋势:国家公园成为青少年野外活动教育的中心,野外活动教育课程逐步向体系化的规范轨道迈进,野外活动教育主体正在朝着多样化的格局渐进展开。

第二章　青少年野外活动教育的本土现状／8

我国的青少年野外活动教育大致经历了思想萌芽、探索实践和规模发展三个阶段，但是，由于应试教育现象的影响，以及青少年野外活动营地自身能力建设的滞后，国内青少年野外活动教育正遭遇到进一步深化发展的瓶颈。

第一节　青少年野外活动教育发展的历程／8

青少年野外活动教育思想的萌芽可以一直追溯到新中国成立伊始，20世纪50年代，上海的中小学就开始开展"小发明、小创造、小制作、小论文"等被称之为"五小活动"的课外教育实践。到了80年代初，上海市少年儿童佘山活动营地成立，全国其他一些野外活动教育基地也陆续建立。21世纪初，中共中央办公厅连续两次颁布有关青少年思想道德建设和校外活动场所建设的文件，为青少年野外活动教育指明了进一步发展的方向。

第二节　青少年野外活动教育遭遇的问题／13

青少年野外活动营地在发展过程中也遭遇到各种各样的问题，制约了其长足发展。这些问题既有大的社会环境方面的问题，如应试教育的影响，也有青少年野外活动营地自身方面的问题，如活动课程的开发能力、与学校教育有效对接的机制建设以及营地硬件的规模建设等。

第三章　青少年野外活动教育与学校教育的 有机衔接／15

校内外教育要形成一股教育的合力，对青少年进行全方位、多时空的教育。因此，青少年野外活动教育要积极寻求与学校教育有效对接的"接口"，力争实现校内外教育的相辅相成与良性互动。青少年野外教育积极与学校教育对接的过程同时也是开拓自身发展空间的过程。

青少年野外活动教育是学校教育的有益补充，是实施"全人教育"的第二课堂。它针对学校教育的缺失与不足进行有针对性的培养与锻炼，并积极努力紧扣学校教育涉及的领域进行自由的延伸和拓展。

青少年野外活动营地积极寻求与学校教育实现有效衔接，积累了丰富而行之有效的经验，找到了多个不可或缺的"接口"。如加强硬件建设，优化营地活动教育环境；争取行政支持，实质融入整个教育体系；主动结对联谊，承接兄弟学校校外活动；依托社会中介，扩大营地活动教育影响；推出学分管理，促进课程学习灵活选择。

第四章　青少年野外活动教育的课程开发 / 33

青少年野外活动教育同样也需要相对规范完善的教育内容，因此，实施青少年野外活动教育也要进行符合营地条件和彰显营地特色的课程开发。青少年野外活动营地课程的质量是青少年野外活动教育质量的一种折射，今天，以"野趣""农趣""志趣"为核心的野外活动教育课程体系已成为浏河营地野外活动教育的一张名片。

上海市少年儿童浏河活动营地最初主要利用浏河岛的自然景观资源进行原生态的活动内容组织。在摸索成长过程中，逐步形成了以"野趣""农趣""志趣"为主要特色的教育活动群，并在活动组织过程中进一步优化和规范，直至今天形成了相对较完全的青少年野外活动课程体系，包括军事训练课程、农事实践课程、野外探险课程、自然探秘课程、生活技能课程、休闲拾趣课程。

上海市少年儿童浏河活动营地在课程开发的探索实践过程中积累了丰富的经验,不仅概括出了课程开发的流程,提炼出了课程开发必须遵循的原则,还系统梳理了课程开发的实践经验,如因地制宜开发课程资源,突出特色打造课程品牌,调研反馈满足社会需求,以及发挥能者专长创设课程等,无不闪烁着实践智慧的光辉……

第五章　青少年野外活动学习的管理与评价 / 50

对于青少年野外活动教育而言,课程开发是基础和前提,学习的管理与评价是关键。如果说营地规模和设施水平体现的是野外活动营地的硬实力,那么,课程开发及其评价管理则是软实力的表现。经过多年的实践探索,上海市少年儿童浏河活动营地建立起了一套细致有效的学习评价管理体系,有力地促进了野外活动教育的质量。

第一节　青少年野外活动学习的管理 / 50

上海市少年儿童浏河活动营地对学生选修的活动课程进行管理主要体现出了以下特点:一是系统性,即综合管理学生的思想,学生的"玩"法,学生的遵章守纪,学生的活动时间安排,学生的生活等;二是层次性,即要体现出对于不同年龄层次要求的差异性;三是灵活性,即营地提供的野外活动学习内容与形式丰富多彩,也因此要求对学生野外活动学习管理的方法多种多样,灵活有效,真正做到管而不僵,活而不乱。

第二节　青少年野外活动学习的评价 / 56

上海市少年儿童浏河活动营地对学生学习的评价积极

追求其促进与激励作用的不断提升,评价主体体现出了多元性,既有教师评价,也有学生评价,还有后勤管理人员的评价。在评价方法上,既有比较量化的检测评价,也有重在描述的表现评价,最后经综合权衡形成学分认定。

第六章　青少年野外活动教育的案例呈现／63

在努力与学校教育实现对接和不断提升营地自身实力的过程中,上海市少年儿童浏河活动营地开展了丰富多彩的寓教于乐、怡情益志的野外活动教育,形成了浏岛边一道亮丽的教育风景线。

第七章　汇聚青少年野外活动教育创新的声音 / 90

教育的春天必将催发教育新事物的嫩芽,上海市浏河活动营地的"三趣"体验便是生机勃勃的嫩芽丛中昂首挺立的一棵。如果说学校教育是以知识及知识运用能力的培养,以及情感、态度与价值观的规定性培养为主,那么青少年野外营地活动教育则是注重在真实的自然环境、轻松的心理环境和开放的社会环境中培养学生的审美情趣、合作精神、与人交往与相处能力、生活自理能力、热爱劳动的习惯、体魄与意志的磨炼以及与自然和谐相处的意识等。上海市少年儿童浏河活动营地以"实践第一,实践育人"的教育理念为指导,从学生实际出发,充分挖掘各种教育资源,组织各种丰富多彩的实践活动,让学生在实践中体验,在体验中认知,通过自身的参与,把内在的自信、勇敢、团结、协作等一些良好的意志品质充分挖掘,从而掌握技能,提高素质。

第一章　青少年野外活动教育的国际背景

第一节　青少年野外活动教育的理念

青少年野外活动教育越来越受到世界许多国家教育界的重视和大力推行，因为野外活动教育所体现的是一种鲜活的体验教育和主体的实践行动，这种野外活动教育跳出了以系统学科知识为主脉络和以应试升学为主方向的学校课堂实施模式，把教育的场所直接搬到了广阔的大自然，真正实现了"没有校园围墙"、旨在培养"全人"的教育历程。

1977 年，国际野外教育学会（WEA）正式诞生。该学会面向全体社会成员（包括中小学学生）提供能力拓展、情趣培养和生存训练等学校课程所不能及的内容。现在 WEA 在世界各地吸纳了超过 40 个会员机构，并将继续努力实现学校教育的自然延伸与拓展，朝着培养"富有时代精神的社会人"的目标继续迈进，其先进的教育理念与主张正在对越来越多的成员国产生越来越深远的影响。

从各国的野外活动教育实践来看，许多国家都认同野外活动教育在培养情感、增强体验、强调实践和建构个人知识等方面的独到作用。野外活动教育是学校教育"不可或缺的组成部分"，在培养全人的教育目标上其作用"不可替代"[①]。具体功能表现如下。

1. 培养青少年对大自然的亲近感和保护生态环境的社会责任感

野外活动教育能够培养青少年对大自然的亲近感和保护生态环境的责任

---

① 徐辉,祝怀新. 国际环境教育的理论与实践［M］. 北京:人民教育出版社,2003:134 – 135.

感。1993 年，英国学者 J. A. Palmer 在对英国全国环境教育协会会员的调查中发现，在野外、教育（课程）、父母（亲属）、机构和电视（媒介）等 13 种可能培养青少年环境意识的因素中，有高达 91% 的人认为"野外活动"的影响是引导他们积极和活跃地关心环境的主要因素；相比之下，教育（课程）的认同率为 59%，父母（亲属）为 38%，书籍为 15%。1995 年，Palmer 还进一步指出野外活动教育是塑造环境责任感和环境友善行为的最有效手段①。

德国中小学有序地开展野外环境教育可追溯到 20 世纪 60 至 70 年代，到 80 年代，开展环境教育已成为整个联邦德国的共识，各州在讨论课程应包括哪些时，都一致认为"环境"应当成为整个中小学课程体系中一个必须置于优先战略地位的重要内容。1980 年 10 月 17 日，西德各州文化教育部长联合会议宣布，环境教育是德国中小学教育的义务，所有学校都必须实施环境教育，并一致认为环境教育是关系到人类生存的重要举措。会议宣言指出，对于我们每个人和全人类而言，与环境的关系已成为一个生存问题。因此，各学校有责任培养学生的环境意识，使他们自觉拥护环境管理，并在课后养成有益于环境的有责任心的行为。

在英国，不少学校经常带领学生走出教室，到实地亲身感受和理解环境，如栽种植物、照料动物、记录天气状况、考察农场和自然保护区或博物馆等，一些学校还在偏僻的乡村建立实习基地。早在 1977 年，英格兰和苏格兰的教育部门就开办了 360 个名为"居住中心"的基地，设有青年旅馆和专门的设施供学校作校外实习用。至今英国的中等学校仍然比较注重通过学生的亲身经历来发展他们对环境的理解力和相关技能。

这种野外教学通过提供直观感受，使学生的环境意识不再停留在认知层面上，帮助他们对环境问题获得深切感受。户外教学有利于学生在实践活动过程中掌握解决环境问题的知识与技能，它为学生提供了一个接触并了解真实自然的机会，使学生能自觉联系课堂教授的知识，有助于学生将课堂中有关价值观与态度、道德感与责任感的说理教育内化为自然素质。户外教学也有利于发展学生正确的环境价值观和态度。尊重自然、爱护自然、保护自然是环境价值观的核心和基础。

---

① Palmer,J. A. Development of Concern for the Environment and Formative Experiences of Educators. Journal of Environmental Education[J]. 1993,24(3). 26－31.

2. 培养青少年在任务情境中的问题解决能力与动手实践能力

野外活动教育能够培养青少年在任务情境中的问题解决能力与动手实践能力，因为野外活动教育可以为学生提供各种具体而直接的体验，在亲历体验的过程中实现预定目标的达成。1989 年，英国学者 J. W. Opief 提出了一系列适合青少年的野外教育活动，如进行地形地貌的调查，制作考察地图；感受野外环境，形成生态调查报告；直面野外环境现状，追查包括气候、地质等多方面成因。在野外活动教育中往往可以利用自然界中特定的情境，激发学生的好奇心，鼓励他们去发现问题、提出假设和解决问题，在做中学（即亲身参与），获得经验，并实现经验的不断改造和重组，从而培养对环境的感知能力和在环境中处理环境问题的能力。野外活动教育还有助于为学生提供一个较为全面的环境视野，避免他们从单一学科的角度理解综合的环境问题，从而帮助他们形成全面分析问题的科学精神和灵活应用课堂知识的动手实践能力。

德国许多中小学的学科教学有相当课时是在野外进行的。如汉堡的朱利亚斯（Julius）综合中学的五年级、六年级每周生物课有两个课时（每课时 45 分钟）是在学校运动场及校园其他地方进行，学生在校园中观察各种植物生长特点，或发现新植物，研究其特性等。

3. 培养青少年在野外环境中的审美情趣与表现表达能力

德国学者 Rainer Dollase 指出，野外活动教育应秉承"审美的情趣情感高于实物认知本身"的原则，因为"大自然的美是引发热爱大自然这种意识行为的先导"。而要实现这一情感与表达目标，学校则应精心策划，带领青少年走到森林里、田野上、溪流边、山脚下，去接触大自然，去欣赏大自然的美。

为了有效地促进学校开展对青少年审美情趣与表现表达能力的培养，德国的相关政府部门和一些非政府组织建立了野外教育中心，供学校开展相关的采风、游览等活动，学校可根据其教学计划确定一段时间，选择一个野外教育中心，让学生在其中生活一到两周甚至更长时间，也可利用节假日到这些中心组织各种活动。如柏林郊外的尤克威克探险湖（Okowerk Teufelssee）就是作为柏林及周边地区中小学进行野外审美情趣教学活动的教育中心。该教育中心有多种树木、花草生长其中，还有数以千计的动物穿行其间，湖泊在阳光下银光闪闪，微风过处，泛起阵阵涟漪。在这里，天与地，山与水，光与影，动物与植物，构织成了一幅美丽的图画，时而传来的鸟鸣声让学生沉醉于大自然中，激发想象与情愫万千。

许多学校的教师把景物描写、绘画写生等教学内容直接搬到这些野外教育中心进行，美景尽收眼底，妙笔纸上生花。

4. 培养青少年在野外环境中的探秘精神和探险能力

为了让更多学生有机会参与野外活动训练，2004 年 11 月，新加坡教育部耗资 570 万元又开设了两个户外探险中心，并在 2005 年正式向学生开放，让学生进行自我挑战。新加坡教育部目前设有三个探险中心，教育部发言人表示，自 1986 年第一个探险中心设立以来，学校对于这类中心所提供的野外探险活动的需求便不断地增加，每年平均有 56 000 名学生受益于教育部属下三所探险中心所提供的户外活动训练。据估计，2006 年每名中学生至少有一次机会到教育部属下的探险中心体验野外露营生活。①。

野外探险活动不只训练青少年的忍耐力，而且也能够促使他们变得更勇敢、独立。像攀岩走壁、高空走粗杆以及绕绳下降，这些项目能很好地训练学生的耐力和毅力。

第二节　青少年野外活动教育的实践

1. 国家公园成为青少年野外活动教育的中心

英国是开展环境教育比较早且拥有较多环境教育经验的国家，其开展环境教育的特点之一是多方位，即利用一切可利用的资源，在不同环境下渗透环境教育，提高公众的环境意识。国家公园的建立并利用这一资源来开展环境教育便是其特点之一。自 1949 年英国政府以立法的形式确立国家公园以来，目前在英格兰与威尔士已建有 17 个国家公园，此外尚有 220 个郡级公园和 264 个野外烧烤中心。英国赋予国家公园的定义是：（1）具有较大的区域；（2）具有某种自然景观或美丽且受到人们关注的生态系统；（3）尚未或很少被人类开发或占有；（4）参观者可以自由进出。建立国家公园的

---

① 新加坡教育部积极推进青少年野外探险计划[N]. 联合早报,2007 - 11 - 08(3).

目的并不是消极、封闭式地保护自然，而在于鼓励保护，推动娱乐①。

国家公园具有广阔的空间和多样化的自然资源，因此英国广泛利用这一资源来开展野外活动教育，每一个公园内均设有几个野外教育中心，向游客宣传环境教育，展示各类照片与实物。英国最大的野外教育机构 FSC（Field Studies Council）在所有国家公园内设有野外教育培训基地，基地设有专门从事环境教育的人员及良好的培训设备。各类人员（主要是中小学生）可以在基地内活动 1~7 天。在活动期间，FSC 利用当地的资源和自编的教材对旅游者进行环境教育，提高公众的环境意识。此外 FSC 还在世界各地（主要是欧洲和亚洲）开展环境教育的培训及有关项目活动。

马来西亚野生物部和教育部合作建立的"自然学习中心"位于国家公园的自然景观和森林中，学员在护林员的指引下从河道和丛林小道进入，通过阅读地图、在丛林里用罗盘辨别方向欣赏大自然、学习野外工作技能等。教师也可以在中心实施自己的环境教育活动计划。尼加拉国家动物园教育中心则制定有专门的教育规划，它通过一系列的服务发挥国家动物园和国家水族馆的教育作用：（1）建立和维护一个永久性的教育展览；（2）为动物园的游客提供解说服务；（3）建立供动物园教育规划使用的教育资料图书馆；（4）为动物园职员和学校教师以及公众提供培训，并在动物园以外提供相关教育；（5）与学校和其他涉及环境教育的组织建立合作关系，宣传中心的教育规划；（6）为各级各类学校进行环境教育，包括鼓励欣赏和理解动物及其自然习性，促进人们对野生动物的尊重，揭示野生动物与环境的关系，证明人类对自然的依赖关系和各种人类活动的环境影响等②。

2. 野外活动教育课程逐步向体系化的规范轨道迈进

在国外，特别是西方发达国家，经过长时间的实践与探索，逐渐形成了一整套相当完备的野外活动教育体系。

美国的全美户外引领学校（National Outdoor Leadership School，简称 NOLS）提供了多样的户外活动教学。现在世界各地共拥有 11 所分校。一年当中约有 380 门课程，可提供不同的教学环境（季节与地理环境）、课程天数（24 天~3 个月）和课程内容。在选择课程之前，每一个人可从 NOLS 所

---

① 国家公园是野外教育中心[N]. 中国环境报,2000 – 07 – 12(2).

② 吴祖强.环境教育:争取公众对自然保护区的支持[C]//绿满东亚,第一届东亚地区国家和保护区会议论文集.北京:中国环境科学出版社,2006:493 – 496.

提供的目录或网络上获取信息，依据个人经历与需求，来选择适合自己的课程①。

每一门课程都有具体的达成目标。如登山安全与判断力（Safety & Judgement）课程，其课程目标如下：获得足够的知识与能力，用以判断在山系环境中即将面临的危险，如落石、天气、渡河和冰河裂隙等；对于所面临的大自然环境，具有安排、讨论及面对的能力与技术，并能始终如一；当山难发生时，具有急救的能力；在等待进一步救援之前，能维持受难者的生命；对于在户外活动所面临的突发事件，必须具有应变及解决的能力；对于个人和团体间，具有健康的判断能力和体认；对于个人和团体必须具有健康和安全的责任感。

又如，户外求生技能（Outdoor Living Skills）课程，其课程目标如下：对于所处的各种不同自然环境，必须有正确与系统的适当穿着；能借由使用炉具或生火，炊煮符合卫生且具有营养的食物；具有正确选择营地和搭设紧急避难帐的能力；对于个人和探险团队的装备，能加以尊重及正确的使用；能借由使用地图与指北针，在山系中有正确的方向与移动；在不具有登山步道的地区，能借由导航和路径寻找技巧，来减少伤害的发生（包括对个人、团体与大自然）；位于雪地上和冰河上的探险，能展现正确的技术；对于基本的攀登系统具有彻底了解，包括绳结的使用、绳系的操作和安全的确保；有能力架设上方确保点（simple top – rope）和垂降确保点（rappel anchors）；了解上方确保点（simple top – rope）的原理和垂降确保点位置（rappel site）的选择及安全管理；关于食物热量与分量的安排，能依性别、从事活动的类型、时间的长短加以精算。

3. 野外活动教育主体正在朝着多样化的格局渐进展开

美国是世界上推行青少年野外活动教育时间较长的国家之一，其主要的教育机构已经较明确地粗分为两大类，即一般学校单位和民间户外教育学校、公司机构及非营利公益团体。

在美国，除了大多数大学提供野外活动教育课程供学生选修之外，也有许多的中学将野外活动课程列为学生的必修课程。一般大学所教授的野外活动课程大多以基础的技能为主，目的在于培养学生认知从事野外活动所必须

---

① 引自 http://blog. sina. com. cn/s/blog_4cbe9c20010009z6. html.

6

具备的基本安全知识和户外环境保护观念，如 Michigan State University（密歇根州立大学），Minnesota State University（明尼苏达州立大学），Northern Illinois University（北伊利诺伊大学），Northland College（北岛大学），以及 University of North Carolina（北卡罗来纳大学）等。

除了传统的教育体系（中小学）以外，营利性的民间野外活动教育机构也是推广野外活动教育的主力军。这些野外活动教育机构的课程安排依据其地理环境的区域特殊性，提供多种形式的野外实地教学。

此外，一些非营利团体对于野外活动教育的普及亦功不可没。如 Leave No Trace Outdoor Ethics（LNT），该机构在推广从事野外活动时对环境伦理的保护不遗余力。美国较有名的野外教育机构有前面提及的全美户外引领学校（NOLS），美国登山指导协会（American Mountain Guides Association），以及野外医疗联合有限公司（Wilderness Medical Associates，Inc.）。

第二章　青少年野外活动教育的本土现状

第一节　青少年野外活动教育发展的历程

野外活动教育是在校外教育的倡导与发展过程中衍生出来的一个分支，是校外教育的一个有机组成部分。从产生到现在，野外活动教育经历了思想萌芽、探索实践和规模发展三个阶段。

一、青少年野外活动教育的思想萌芽阶段

早在新中国成立之初，教育家吕型伟先生就提出了课外活动是"最活跃的教学因素"。20世纪50年代末，吕型伟调往上海市教育局工作，建议成立了青少年科技指导站，活动内容以科技为主，开展了"小发明、小创造、小制作、小种植、小论文"等"五小活动"，一时间上海市中小学的课外科技活动举办得轰轰烈烈，培养了不少人才。在此基础上，1983年吕型伟先生发表了一篇题为《改革第一渠道，发展第二渠道，建立两个渠道并重的教学体系》的文章，将课堂教学称为第一渠道，将课堂教学以外的信息渠道，包括课外校外活动的其他渠道，统统归结为第二渠道（或第二课堂），强调二者并重。这篇文章虽然在当时引起了很多争议，但无疑"第二课堂"这个思想开创了我国校外教育的先例，为我国校外教育事业的发展奠定了理论基础。

二、青少年野外活动教育的探索实践阶段

好奇是孩子的天性，兴趣是无穷的财富。对于孩子来说，游戏本身就是一种学习。孩子的玩，实际上就是一种教育。人是大自然的产物，真正的玩

应该回归大自然，贴近和融入大自然。山野、农村、树林、草原、沙滩、小溪，都是孩子们玩耍的天地。美国作家奥尔科特说："在乡村出生长大的人，等于受了一部分最好的教育。"自然就是课堂，自然界丰富多彩的动植物为充满好奇的孩子提供了大量学习探究的课题。吕型伟先生在《从教70年散记》中写他小时候"看蚂蚁打架"，"爬到山顶上看太阳落山"，到小河里"赶鱼、追鱼、抓鱼"，在教室边的河里钓鱼等。他说："只有在大的、变动的空间里，人才能找到更多的东西。"

但是，随着城市化进程的加快，学生学业负担的加重，再加上怕出事故，家长和学校已不让他们参加稍有危险的活动，孩子们远离了这样的环境和场所，没有了接触、感受大自然的机会和时间。他们胆小；身体肥胖但没力气，身体协调性差；动手能力和生活自理能力明显不如以往的孩子；由于缺乏环境和生活的磨炼，很多孩子都缺乏吃苦精神和坚强的意志。20多年前，针对第一代独生子女在教育中存在的这些问题，在一些老专家、老领导的关心和支持下，学习国外的户外教育形式，结合当时的"夏令营"活动教育模式，开创了上海的青少年野外活动营地教育事业。让学生离开父母，在野外营地独立生活一个星期，锻炼他们的生活自理能力，培养他们勇于克服困难的勇气和信心，磨砺他们的意志。同时，让他们亲近大自然，融入大自然，在自然环境里尽情地玩耍，尽情地活动。孩子的玩，还是一种锻炼，能够锻炼孩子的体魄，能够锻炼孩子的动手能力和身体协调能力。这种教育方式在现今看来依然不落后于时代。

成立于1983年7月的上海市少年儿童佘山活动营地，是由上海市妇女儿童工作委员会主办、上海市妇女联合会主管的全国第一家少年儿童野外教育营地。营地位于松江西佘山南麓，占地面积22 000平方米，建筑面积4 543平方米，营地户外活动区12 000平方米，活动区有野炊灶具、勇敢者道路、垂钓区等，一次可容纳400多名学生活动。佘山营地坚持的宗旨是：教育孩子在集体生活中学习自理，在校外教育中掌握知识，将社会的现实要求和少年儿童的实际需要相结合。

佘山营地的创办，为少年儿童校外教育活动提供了一个良好的场所，但全市数百万少年儿童，一个佘山营地显然远远不能满足需要。这样，在上海市少年儿童工作协调委员会、市妇联、市教育局、市团委、嘉定县人民政府的共同支持下，于1987年5月28日创办了上海市少年儿童浏河活动营地。浏河营地坐落在风景秀丽的嘉定区浏河岛上，这里地势起伏，四面环水，修竹茂林，充满着大自然的生活情趣和农村气息的田园风光。浏河营地创办之初，可容纳170名学生食宿活动。活动以小学五、六年级为主的"三日营"和"星期营"为主，且都是各校的三好学生和优秀少先队员，年接待量1万人左右，但仍不能满足形势发展的需要。在嘉定区政府和区教育局的重视下，随着营地二期、三期工程的建设落成，现在浏河营地占地200余亩，建筑面积8 000平方米，一次可容纳700名学生住宿活动。随着规模的不断扩大，营地的功能也在不断完善，从原来单一的接待小学生活动到现在可接待活动、劳动、军训等。

浏河营地充分利用其广阔的活动区域和迷人的自然景观以及附近的农业、历史、文化等教育资源，通过举办"一日营""二日营""三日营""亲子营"等野外实践体验活动和学农、军训等，组织开展丰富多彩的社会实践教育活动。浏河营地之所以深受学生欢迎，是因为她贴近自然，有浓厚的乡村气息。在这里，有野趣：河边垂钓，池塘泛舟，森林野营，露天烧烤，草地跑马；有农趣：挖野菜，挖红薯，拔花生，参观农家乐，喂养小动物；有志趣：荡索过河，高空铁索，凌波飞渡，篝火晚会，夜间行军。学生吃在一起，住在一起，玩在一起，在大自然的环抱里，尽情地生活和玩乐。

浏河营地坚持以"野趣、农趣、志趣"为主线组织开展各种教育活动，成为浏河营地的一大特色。这种特色的形成在浏河营地事业的发展中起了重要作用，也为青少年的健康成长提供了一个良好的场所。

三、青少年野外活动教育的规模发展阶段

在佘山营地、浏河营地规模不断扩大，功能不断完善，充分体现出其"第二课堂"的教育作用和野外活动营地教育强大生命力的同时，上海市各级各类的青少年野外活动营地如雨后春笋般地发展起来了。

其中规模最大、投资最多的是上海市青少年校外活动营地——东方绿洲。东方绿洲占地面积5 600亩，其中水域面积2 000亩，建筑面积15万平方米。它坐落于青浦区西南，是上海市落实科教兴国战略和大力推进素质教育的一项重大工程，也是市委、市政府送给百万青少年21世纪的一份厚礼。东方绿洲拥有国内资源最充实的国防教育园、内容最丰富的名人雕塑区、设施最完备的拓展训练基地、品种最齐全的植被资源，同时还拥有生存训练、科学探究、水上运动、素质拓展、团队竞赛等丰富的活动项目。

此外还有以开展军事训练、军事游戏及国防教育为主的上海市奉贤区少

年军校、金山区少年军校、伟成国防教育训练基地；以开展学农劳动、培养动手能力为主的普陀区鲁汇基地、上海市健身教育活动中心、上海市松江区学生学农基地等。

特别是〔2004〕8号文件《关于进一步加强和改进未成年人思想道德建设的若干意见》和〔2006〕4号文件《关于进一步加强和改进未成年人校外活动场所建设和管理工作的意见》的颁发，为青少年野外活动营地建设提供了政策依据，8号文件指出："加强以爱国主义教育基地为重点的未成年人活动场所建设、使用和管理，充分发挥爱国主义教育基地对未成年人的教育作用。已有的未成年人专门活动场所，要坚持把社会效益放在首位，坚持面向未成年人、服务未成年人的宗旨，积极开展教育、科技、文化、艺术、体育等未成年人喜闻乐见的活动，把思想道德建设内容融于其中，充分发挥对未成年人的教育引导功能。属于公益性文化事业的未成年人校外活动场所建设和运行所需资金，地方各级人民政府要予以保证，中央可酌情对全国重点爱国主义教育基地以及中西部地区和贫困地区的未成年人活动设施建设，予以一定补助。"4号文件指出："积极促进校外活动与学校教育的有效衔接，要把校外活动列入教育教学计划，排入课程表，切实保证活动时间，逐步做到学生平均每周有半天时间参加校外活动，实现校外活动的经常化和制度化，要把学校组织学生参加校外活动以及学生参加校外活动的情况，作为对学校和学生进行综合评价的重要内容。"

中央文件的出台，为青少年野外活动营地建设提供了强有力的行政支持，自此以后，全国各地各级各类的校外教育活动场所和基地建设都有声有色地发展起来了。

其中最有代表性的是重庆缙云山绿色教育野外实习基地，它是由教育部、世界自然基金会和英国BP公司联合发起的"中国中小学绿色教育行动"环境教育项目，是由重庆缙云山国家级自然保护区管理局与西南师范大学环境教育中心共建的"中国中小学绿色教育行动野外实习基地"。

缙云山奇峰耸翠，林海苍茫，"山如碧玉水如黛，云在青山月在松"，素有"川东小峨眉"之称，既是全国著名风景名胜区、植物园和自然保护区，又是川东地区颇负盛名的佛教胜地，具有巴山蜀水幽、险、雄、奇、秀的突出特征。最高海拔1 051米，森林面积7 600公顷，植物园内有高等植物246科，992属，1 966种，其中属国家重点保护的植物有45种，模式植物38种，受国家一、二、三级保护的珍稀植物达24种，水杉、红杉、伯乐树等更是世上罕见。具有典型的亚热带常绿阔叶林特征，是开展野外环境教育的天然大课堂，具有丰厚、宝贵、形象、直观、生动的教育资源和素材。依托这个资源宝库，在基地可以开展大量教育实践活动。

缙云山绿色教育实习基地依托自然环境优势，激发学生的好奇心，让学生在实践中、活动中、体验中、快乐中接受教育，发现问题，提出假设和解决问题，在亲身体验中获得经验；有助于青少年学生理解环境的错综复杂，生态系统与生态平衡，生物多样性及其价值，保护和合理利用自然资源的重要性及经济与环境的相互依赖性；帮助学生形成全面分析问题的科学精神和树立解决实际环境问题的责任感，塑造学生健康的人格和良好的心理素质，促进学生全面发展，以提高学生的综合素质。

另外如山东的山青世界和江苏无锡未成年人社会实践基地，都是投资规模较大、设施和功能较为齐全的青少年野外活动营地。

山青世界是共青团山东省委委托山东省青少年活动中心建设并管理的山东省青少年教育实践基地，位于济南市历城区柳埠镇，总面积960亩。园内依据青少年实践活动的需要设有快乐大本营区、青少年素质拓展区、假日农庄实践区、科技畅想区、森林探险区五大区域。各大功能区实现的教育目标各不相同，青少年参与的方式也不一样，由观赏到动手实践再到挑战自我，最终达到塑造健康身心、培养综合能力、成就崭新自我的目标。此外园内还建有风雨球场、垂钓园、田园烧烤区、小小宠物园等。

山青世界利用自然山水风光，发挥资源优势，创建特色景观环境，以素质教育为主线，建设成青少年思想道德教育基地、中华民族文化传播基地、国际青少年文化交流基地，面向省内外青少年开展素质教育。

江苏无锡未成年人社会实践基地是由江苏省、无锡市和宜兴市人民政府共同投资创办的青少年校外活动基地。它位于江苏省宜兴市的国家4A级景区、梁祝故里的善卷洞风景区附近，地处苏浙皖三省交界的丘陵山区，环境优雅，天地广阔，交通便利，宁杭高速近在咫尺。现有教职员工60余名，各类建筑面积2万多平方米，基地大本营占地2百多亩，床位1 500多张。

基地充分利用无锡市和宜兴地区特有的人文和环境教育资源，自主开发活动课程，坚持以素质教育为核心，以加强未成年人思想道德建设为主线，以"实践育人"为抓手，依托真山真水的大自然，组织学生开展丰富多彩的实践活动，旨在培养青少年学生的实践能力和创新精神，造就品德高尚、身体健康、意志顽强、心理素质良好、具有团队协作精神的一代新人。现已成功开设的室内外实践活动课程有 30 多项，协作共建的活动营地 7 个，集洞、茶、竹、陶、果、农、国防、法制、消防教育、爱国主义教育于一体。可以承办社会调查、文化游历、红色旅游、团体军训、夏令营等多项综合活动。

第二节　青少年野外活动教育遭遇的问题

上海的野外活动教育自起步到现在已有近 30 年的时间，经历了快速的发展期，也遭遇到了进一步发展的瓶颈。一提起青少年校外教育，人们往往就想到少年宫、少年科技站、青少年活动中心等。然而，现在的少年宫、少年科技站、青少年活动中心等越来越多地在为"功利教育"和"应试教育"服务，增设特色项目课程的学习以便于青少年通过参与竞赛获奖实现中考、高考的加分。与此同时，青少年野外营地自身存在的种种问题也给青少年野外营地活动的教育带来不小的挑战和冲击。具体阐述如次。

一、社会存在的应试教育之风制约着青少年野外活动教育的发展

青少年野外活动教育的发展很大程度上受到社会整体环境的影响。青少年野外活动教育，原本是为了满足青少年全面发展的需要，培养青少年在野外活动中理解、体验和运用学校所学知识的能力，以全体青少年为对象，以全面发展为目标，以快乐体验为过程的一种素质教育方式。但是这种认识在社会的接受程度还不高。现在不少学校应试教育的风气还没有根本转变，小学、中学、大学的好坏之分都是以学习成绩来排名；评价教师的好坏也是由他所教学生考试成绩来决定；家长也往往只关注子女的学习成绩，利用双休日让他们拼命"充电"、"加班"，学生校外活动的时间被压缩殆尽。不少学生考试成绩越来越好，但体质却越来越差，肥胖、近视，童年的快乐和青春的活力慢慢地远离了他们的生活。

除了考试压力之外，每组织一次野外教育活动都需要投入一定的人力、物力和财力，同时还要担当青少年人身安全的风险，一旦学生受伤或生病，学校都要承担一定的责任，这些也都制约了学校野外活动教育的积极性。

二、野外活动教育基地的教师专业化水平普遍有待提高

营地不是一般的主题公园，更不是娱乐场所，而是以情智为核心，以陶冶学生情操、发展健全人格、发现知识和运用知识为宗旨，以培养青少年爱国主义、集体主义、吃苦耐劳、团结协作精神为目标，集娱乐性和教育性为一体，是与已有的少年宫、少科站、文化馆、博物馆、活动中心等功能互补的教育发展标志性工程。所以更需要有具备专业知识、技能和特长的教师来担任野外活动教育的辅导员。

教师是营地教育的主要实施者，是最直接、最经常、最主要的教育者。因此，更注重知识和实践等综合能力、有一专多能甚至全面型的教师更有利于野外营地教育活动的开展。

但是，在目前的青少年野外活动教育机构中，教师的专业化水平普遍比较低，这也影响了青少年野外营地教育作用的充分发挥。

三、野外活动教育的课程有待全面系统且具特色的开发

现如今，许多学生离开父母和教师后生活不能自理，动手能力差，长期埋头于书本的他们缺乏对农作物、花草、树木等直观的认识，参加军训活动怕苦怕累。他们往往只局限于书本知识的学习和借助网络学习，对于现实生活缺乏亲身的体验。因此，开发适合野外活动教育的课程，弥补青少年学校教育的不足是各个野外教育机构面临的能力挑战。

同时，课程活动的开发应注重全面性，把尽可能多的领域有机联系起来，相互渗透，体现综合性、趣味性和实践性。

四、野外活动教育有待上级部门统一管理和资源整合

目前的青少年野外营地没有统一管理、各自为政的局面不利于资源的整合和充分利用，同时，各个机构的业务运作缺乏有效的指导和支持。

正是因为上述原因，青少年野外活动教育的作用还没有充分发挥出来。当前国内的野外活动还介于教育和游玩之间，或者说介于教育和旅游产业之间。青少年野外营原本应发挥其教育功能，但为市场的形势所影响而成为旅游景点或休闲度假之地，教育的作用不可避免地受到影响。

第三章　青少年野外活动教育与学校教育的有机衔接

　　面对国际、国内经济社会的深刻变化，教育领域的思想、理念的碰撞交锋十分激烈，沿袭多年的应试教育显然已成为改革对象，但其思想理念仍根深蒂固地存在着，而且不时地、无孔不入地在教育过程中反映出来，在升学、就业机制中显现着它的影子。现在不少学生除了要完成学校的课程，还要在课余时间马不停蹄地去参加名目繁多的文化培训班，为升好学校、拿高分，学生们被驱进了书堆之中，由此带来的学生生理、心理问题、人际交流、沟通等方面的问题越来越突出，有资料显示，我国69.5%的中小学生有心理问题。如此状况与现代社会对人才培养的要求是极不适应的。提高受教育者未来的竞争力才是成功教育的标志，而竞争力的内涵不仅需要有扎实的知识，还需要有强健的体魄、健康的心理、良好的人际交往、沟通能力和团结合作的团队精神，需要综合素质的全面提高。

　　胡锦涛总书记对全国小朋友提出了殷殷希望："勤奋学习，快乐生活，全面发展。"这也蕴涵着对我们教育的要求，教育要让学生快乐生活、全面发展。这一要求真正实现不仅要靠学校的努力，也要靠校外教育的有效延伸和有力补充。学校教育注重文化知识方面的学习传授，而在学生行为习惯、生活习惯、良好心理、意志品质、伙伴交往和团队精神的培养上，由于受管理模式、师资、教材、设备、场地等方面的限制，往往是理论学习的机会较多，实践操作的机会较少。而校外教育则为学生提供了比学校更广阔的学习、锻炼空间，而且在体制、机制、师资、设备等方面具有独特的优势。因此校外教育机构与学校相配合、相衔接，无疑是让学生"快乐生活、全面发展"的重要途径，是优势互补的重要策略。

　　长期以来，我国的青少年学生校外实践活动一直以少年宫、少科站为主阵地，以文体、艺术、科普类学科为主开展教学活动，成为了学校课业教育的延伸，成为了培养特长生的摇篮。然而，这类校外实践活动在教育对象的广泛性上，在活动内涵的丰富性上，在活动空间的社会性上仍存在不少缺陷。

青少年野外营地活动教育和学校教育是两个领域的教育活动，在教学活动内容、教学目标、教育方法上存在差异。营地的建设、管理、教育功能的发挥，既要有自己的特色，又要统一在大教育的目标之下，学校缘于制度、师资、设备、场地的限制，许多教学活动、教育目标的实现需借助野外活动营地的教育资源才能完成。因此，野外活动营地和学校携起手来，更大限度地发挥营地活动的教育功能，能为实现学生综合素质的全面提高服务。但是，由于国内青少年野外营地活动教育起步还不是很久，华东地区青少年营地联盟近期也刚成立，对于营地活动教育的研究较少，尤其在充分发掘青少年野外营地活动的教育功能、促进其与学校教育实现有机衔接的实践研究方面则更显薄弱。

第一节 青少年野外活动教育的定位

学校教育受社会对教育要求所迫，不敢放松对分数的追求。但学校教育并不是要求学生完全钻在书堆里，也希望通过教学改革，改变过于强调接受学习、死记硬背、机械训练的教学现状，倡导学生主动参与、乐于探究、勤于动手，培养学生搜集和处理信息的能力、获取新知识的能力、分析和解决问题的能力以及交流与合作的能力；也希望改变课程管理过于集中的状况，实行国家、地方、学校三级课程管理，增强课程对地方、学校及学生的适应性。因此，学校教育在抓紧基础学科知识教育的同时也希望丰富学生的课余生活，丰富学生的社会实践，丰富学生的社会阅历。但由于受管理模式、师资、教材、设备、场地等方面的限制，往往是理论学习的机会较多，实践操作的机会较少，显性知识的教学、传授多，隐性知识学习少。而野外活动教育则为学生提供了比学校广阔得多的学习、锻炼空间，而且在教育资源、教育方式方面具有独特的优势，它有利于青少年学生综合素质的全面提高，弥补了学校教育的缺失与不足，丰富了学校的教育功能。

对当前教育的反思，使我们认识到，教育必须超越学科与专业的分割，全面提高人的综合素质，在实现知识传授和技能习得的基础上，更要使人在身体、知识、智力、道德、批判性思维、创造性、精神、价值操守等方面都得到发展。教育不仅要关注个体各项素质指标的量化进步，也要关注个体人格养成的动态发展过程，要为青少年学生的终身学习和发展打下基础。

　　在青少年学生成长过程中，学校教育具有完整性、规范性、普及性的特点，是青少年接受教育的主要渠道，但也存在着种种弊端和不足。青少年野外教育是学校教育的有益补充和延伸拓展，是实施"全人"教育的第二课堂。所谓有益补充就是要针对学校教育的缺失开展有针对性的教育活动，弥补学校教育的不足；所谓延伸拓展，就是与学校教育相适应，拓宽教育的形式和内容，为学生学习、成长搭建一个实践探究的活动平台。

一、青少年野外活动的教育课程要更有趣味性

　　学校教育的课程内容强调促进学生基本素质的形成和发展，体现国家对公民素质的最基本要求。由各学习领域体现共同基础要求的学科课程组成，是全体学生必修的课程。注重书本知识的传授，过于强调学科本位，科目过多，学习内容和学生生活关联度不够，不利于学生学习空间的拓展和学习兴趣、学习态度的养成，忽略了学生个体"在真实情境中体验知识生成与应用的能力"及实践能力、创新精神的培养。

　　青少年野外活动教育的课程设置是依据国家教育改革和课改目标，根据学生年龄特点，结合学校教育内容和自身的教育资源而开发设计的野外活动，目的在于消除学校课程同质化的弊端，形成学校无法建构、实施的特色课程。在活动内容上，野外活动教育既包括体能拓展等身体素质方面的锻炼，也包括野外物种、自然知识学习考察，还包括各类野外生存训练以及生活技能、社会责任等方面的培训和实践体验。这种实践活动，弥补了学校学生相对被动的学习困境，营造了具有生成性、创造性的学习氛围，让学生充分发挥自主学习能力。它给学生提供了亲身验证知识和技能的空间和场所，是学生放松和愉悦身心的课程和教学。

　　1. 体验野趣——在大自然的实践中享受乐趣

　　国内外的野外活动营地，无不都是在远离学校和课堂，远离城市、风景优美的自然环境中开展，使参与活动的青少年能够暂时放下学校的学习压力，在接近自然的状态下进行体验和学习。国内的青少年野外活动营地都是在山林、海岛、河畔、农村等风景优美的野外，进行的拓展类活动课程有定向越野、郊游、野外露营、野外生存能力训练（包括搭建帐篷、生火做饭）等，休闲趣味类的活动课程如划船、钓鱼、写生，自然探秘类的活动课程如山林植物考察、观潮、数星星等。

在这种真实的自然环境中，村落、炊烟、河道、农田、清新的空气、明媚的阳光、淳朴的民风，让学生获得了真切的感受，学生在看、听、闻、说、做中感知野趣，在探索比较中体验野趣。在回归自然、亲近自然、亲身实践中获取体验，学生的学习兴趣浓郁，心情轻松愉快；且未成年人天生具有活泼好动的性格，对新鲜事物充满好奇感，在充满野趣的自然环境中获取成功和快乐的体验，使得学生的潜力得到充分发挥，快乐学习的效果凸显。青少年野外活动教育是快乐的教育，寓教于乐，让学生在乐趣中求体验，在体验中求知识，感悟道理，体验成功，体验快乐。

2. 感受农趣——在农事实践中体会乐趣

中国社会正逐渐向城市化发展，生长在钢筋、水泥"森林"里的孩子，活动空间被大大地挤压。人是大自然的产物，山野、农村、森林、草原、沙滩、小溪，都是孩子们玩耍的天地。可现在的孩子在自然环境中却不会尽情地玩耍，家长们更是担心孩子的安全，加上学习的压力，孩子们几乎都被关在教室里、家庭中。江泽民同志曾经深刻地指出，"如果只让学生关起门来读书，不参加劳动，不接触社会，不了解工人、农民是怎么样辛勤劳动创造物质财富，不培养对劳动人民的感情，是不利于他们的健康成长和全面发展。"在农村有孩子们需要掌握的知识，在农村有孩子们成长的养分，在农村有孩子们玩乐的天地。

浏河营地、鲁汇基地、山东"山青世界"基地，都充分利用了当地农村的教育资源，突出一个"农"字设计各种带有农趣的德育活动，引导青少年实现爱农、学农的道德体验，培养重视农业、热爱农民、关注农村的思想感情。在这些教育营地，有田间的农活实践，翻地、施肥、种菜、锄草、采摘，有养殖场的小动物喂养，有其乐融融的农家访谈、农家乐活动，有农业知识报告、讲座，有现代先进农业生产的参观活动。这些简单的农活，让生活在城市里的孩子接触到了农村的气息、感受到了农民的淳朴，学生们在农田里挥洒着汗水，体验了农作的艰辛和收获的喜悦，领悟了"谁知盘中餐，粒粒皆辛苦"的道理，舒展了筋骨，强健了体魄，也松弛了紧张的学习压力。

3. 磨砺志趣——在高尚情操的培养中体会乐趣

在野外营地，可以利用周边的自然环境，设计一个个精彩的教育活动，让学生在活动中学会遵守规则，体验合作，磨砺坚强意志，分享快乐。

如"勇敢者道路活动"中的"荡索过河""高空铁索"，对学生品质、性格的培养起着积极的作用；在"夜间军事活动"中，要求学生在漆黑的夜晚循着路标，找到回营地的路线，通过活动学生们的胆量得到了锻炼；在用餐、野炊活动中，学生学会生火做饭；在寝室，让学生学会整理、爱护寝室卫生，学会关爱他人，照顾他人。当然，并不是通过一两次体验活动，学生就能建立或具备高尚、完美的人格、品性，但这些活动对学生身心健康成长的促进作用，对学生的全面发展，相对于学校教育而言，显然具有明显的优势。

青少年野外活动教育课程的丰富性、灵活性、趣味性，弥补了学校教育课程设置的不足，拓宽了学生学习的内容，丰富了学生的体验经历，成为了青少年学生学习体验的第二课堂。

二、青少年野外活动的教育方式要更有灵活性

1. 在学生活动中以亲历体验的方式接受教育

学校教育中的基础类课程的教育，通常采用输入、记忆、反复练习的教学方式，面对枯燥空洞的理论知识，学生往往忽略了学习内容与生活世界的有机联系，不利于学习空间的拓展和学习兴趣、学习态度的养成；学习方式以教师讲授为主，学生的学习任务完成以书面作业为主；强调人类文化的继承和间接经验的习得，忽略了学生个体"在真实情境中体验知识生成与应用的能力"及实践能力、创新精神的培养；学生的知识能力表现为高分数，但分析和解决问题的能力以及交流与合作的能力欠缺，主动学习、获得知识的能力欠缺。

野外活动教育比学校正规教育轻松、自然，教育活动以野外活动为主，一些拓展类的活动如定向越野、郊游、野外露营、野外生存能力训练（包括搭建帐篷、生火做饭、急救护理、危机处理）等，都需要学生参与、感受和体验。此外，学生可以在活动中检验、运用校内课程的知识，可以在野外活动中实践、验证学校教育中的研究型课程和拓展性课程，做到野外活动教育和学校教育的有机衔接。

19

青少年野外教育活动是通过亲身参与活动来进行的，因此是体验式的，这种体验是一种经历，所有这些知识的运用、能力的锻炼，都是在学生亲历活动后的感受、收获。相对于课堂教育，更显得自然、愉快、亲历，事半功倍。亲身体验涉及视觉、听觉、嗅觉、味觉或触觉等，往往在参与户外活动中，学生要与自己的生活形成互动，经由互动的过程产生对关系世界的意义理解或情感反应，涉及愉悦、兴奋、满足或明白等，这种学习常常是充满趣味的，不会枯燥，是学校教育难以企及的。

2. 在学生活动中以团体合作的方式接受教育

现代社会中，在任何领域都强调团队合作的精神，以实现工作效率的最大化。而我们传统的学校教育，在应试教育的影响下，学生的学习强调个人钻研和奋斗，以追求分数的最大化为目标，学习的竞争紧张而激烈，绝大多数的学生可以独自苦学，却很少有伙伴之间的活动，也很少有合作学习的习惯。

青少年野外营地活动，几乎都是通过集体游戏、集体生活的方式进行，很多活动必须通过小组、团队的合作配合才能完成并取得胜利，学生在这样的环境中，会自发地组合成团结一致的队伍，以班级、寝室、餐桌等小组的形式，在亲历体验的活动中共同体会成功和失败，彼此互相鼓励和安慰，也学会了如何发挥自己最大的潜能，如何尊重伙伴，如何沟通、处理问题，这样的学习方式，在学校学习过程中并不多见，而这恰恰是青少年成长中必不可少的学习机会。当今青少年学生个性发展中所表现出来的缺陷，如自私、以自我为中心、缺乏集体意识、合作精神缺少等，在学校的学科教学中，在考试中不需要检验、考核，也不影响升学，这正是学校教育的缺失，但在青少年野外营地的活动中团队合作能力得到了锻炼、提升，促进了青少年学生个性的健康成长。

抢渡活动，最快者优胜，需要渡手的力量和乘员的配合，也需要小组成员的齐心协力，任何人的忙乱、差错都会影响成绩。活动中，学生们忘记了你我，拧成一股绳，使成一股劲，集体的荣誉感使所有人的心灵紧紧连在一起。烧烤活动，包馄饨、捡柴、烧火，七手八脚，忙而不乱。拓展类的活动，必须依靠团体配合才可以完成任务。这些活动直观地教育了团队合作的重要性。

在有组织的野外活动中，通过给不同背景的儿童提供一个共同学习与体验的场所，可使学生更深刻地感受个人尊严与尊重他人自由，促进学生与他人的沟通能力，并懂得互相鼓励、欣赏他人，从而培养良好的团队合作意识。此外，学生通过团队的集体活动和集体生活，自我的情感培养、道德觉悟、意志品质的形成都得到了锻炼和提高，促进了自身综合素质的提高。

三、青少年野外活动的教育功能要更能体现德育要求

浏河营地、佘山营地、东方绿舟、山东的"山青世界"等青少年野外营地的教育活动都有着丰富的教育功能，以德育为核心，对学生进行爱国主义、集体主义和社会主义教育，加强中华民族优良传统、革命传统教育和国防教育，加强思想品质和道德教育，引导学生树立正确的世界观、人生观和价值观，促进青少年学生形成积极、健康、乐观、向上的意志和心理品质。

学校教育受社会教育要求所迫，不敢放松对分数的追求，教学目标就是围绕学生掌握知识点，达到考试获得高分。而以"以德育为核心"的课程改革要求，在学校教育中虽然抓得紧，但落实却不到位，公民意识、法制教育、健康教育、行为规范教育、传统教育、责任教育等考试不会涉及的内容，教学都几乎流于形式，学生的表现往往是说得头头是道，做又是另外一套。在学校教育中，德育是放在第一位的，但恰恰是最尴尬的一门学科，很多的德育工作者对此深有同感。

青少年野外营地是德育的重要课堂。活动中有许多机会可教导学生承担公民意识与责任；体验劳动的艰辛，学会爱惜粮食；检验行为规范，学会关心他人；等等。

在一些冒险活动中，通过参与冒险，共同承担使命和感受领导团队获得胜利的经验；拓展类活动如定向越野、野外生存能力训练（包括搭建帐篷、生火做饭、急救护理）等都需要参与者承担责任，明确自己在活动中所发挥的作用。学生在活动时除了要遵守活动规则，安全开展活动之外，还要为自己团队的胜利履行自己的职责，发挥自己的作用。此外，学生还要懂得爱护环境，要为生活在这个地球上承担属于自己的责任。这类公民意识和责任的教育，在营地的活动中潜移默化地渗透着，显现着。

在农事实践活动中，如"田间劳动""农家乐采摘活动""喂养小动物活动"，让学生体验劳动的艰辛，感受收获的喜悦，知道爱惜粮食，接受爱心教育。

在寝室的休息和内务服务的活动中，学生要学会体谅其他同学，在下铺休息的学生，要体谅上铺的同学；寝室内说笑要照顾到整幢楼学生的休息；

共同为寝室的安全、卫生、整洁努力。同学们在"伙伴交往活动、休闲活动、生活自理活动"中行为得到检验和规范。

这些教育功能的体现，正是新课程改革所倡导的以"以德育为核心，培养学生的创新精神和实践能力"为重点的素质教育要求。学生在野外活动中潜移默化地、兴趣盎然地接受了安全教育、守法教育、责任教育，而且教育效果事半功倍。这种教育在学校的学科教育中举步维艰，而在青少年野外营地的活动教育中无处不渗透着，它让德育深入学生的生活，潜移默化、润物无声地对青少年学生德育进行检验、培养和教育。

四、青少年野外活动教育要更能促进潜能释放与个人成长

学校由于受应试教育的影响，学习效果的评判过分强调甄别与选拔的功能，一般以分数的形式来体现，思想道德、语言类学科的教学往往出现了尴尬的标准化答案问题，学生在思想、情感的感悟和理解上也时常出现同一化、僵硬化、表面化的现象，学生个体的潜能不能得到很好的发展。

许多国外户外教育组织提供冒险与挑战的活动，在学习者通过个人努力完成挑战项目的过程中，也进一步了解了自我，个体逐渐成熟，并获得成就、认同与创造力。此外，户外活动还有助于学生了解、发掘及锻炼自我的领导才能，提高自信心及面对困难时的勇气，增强解决问题的能力。

上海"二期课改"的主要目标是以学生发展为本，坚持全体学生的全面发展；注重学生知识与能力、过程与方法、情感态度与价值观等三方面目标的全面发展；注重学生的个性发展；重视学生终身可持续发展。"以学生发展为本"的理念，在青少年野外活动营地的教育活动中很好地得到了阐释，学生的活动评判没有分数，有的只是自己丰富的情感和认知，健康的身体和心理。

浏河营地的活动教育是让学生在真实的自然、生活环境中，通过互相的交流、配合和协作，甚至是在冲突中完成活动，让学生带着自己的情感、态度和角色参与活动，感受自己和同伴成功的喜悦，或在失败中检讨和提高。一些在学校里表现的不是很自信、勇敢和活跃的学生，在"勇敢者道路""野炊"活动中，找回了自信和勇敢；一些在学校里表现的不是很"聪明、灵活"的学生，在"划船""钓鱼"活动中展现了他们的才能；一些在学校里表现的不是很能干、守纪的学生，在"军事实践""定向越野""拓展"活动中展现了他们的领导力和责任心；在一些集体室内活动如"十岁生日"

"十四岁生日""入团、成人"仪式教育中,感悟自己的成长。每个学生都可以在活动中张扬自己的个性,充分发挥自己的潜能,调动一切感官,体验自然和人生世界,实现自己的愿望,促进身心健康发展。

浏河营地"勇敢者道路"活动设计注重学生的需要,巧借营地自然地形、园林绿化和人造景观,最受入营学生的青睐。在老浏河上,横跨着三座25米左右的铁索桥,三座铁索桥各有特点,左边的铁索桥桥面由木板紧密地铺就,右面的铁索桥桥面的每块木板间则各留有50厘米左右的空隙,而中间的这座铁索桥,则只有光光的两根铁索而已。

学生走在摇摇摆摆的铁索桥上,可真让人捏一把汗。而正是通过这一艰险之行,学生增强了对飞夺泸定桥十八勇士的敬佩之情。

嘉定区城中路小学五(5)班姚嘉仪同学真实记录了自己在"勇走铁索桥"时的心理活动。

"……我轻松地过了两座较为简易的铁索桥,来到了中间这座最难的铁索桥前,桥面只有两根铁索,桥下便是哗哗的流水。过桥时,手必须紧紧地抓住头顶上的两根铁索,脚成外八字分开踩在两根铁索上,一点一点地向前移动。队伍行进的很慢,看着前面同学摇摇晃晃的样子,我紧张极了,生怕一脚踩不稳,掉下河去。终于轮到我了,我小心翼翼地上了桥,手紧紧抓住头顶的铁索,颤颤巍巍地移动着步伐。到了河中心,脚下的铁索一会儿晃向东,一会儿晃向西,我像喝醉了酒的醉汉,晃动得越来越厉害了,我的心怦怦直跳,感觉都快要跳出胸膛了。我想打退堂鼓,可后面已跟了好几名同学,把我的退路切断了,想退也退不成了。算了,我咽下一口唾液,稳一稳神,鼓起勇气,继续走下去,一步、两步、三步……终于到达对岸了,我兴奋地跳了起来:'我过铁索桥了。'过铁索桥,让我第一次体会到了冒险者的滋味,体验到了勇敢者才能享受到的成功的快乐。"

学生在野外活动天地里,尽情发挥自己的潜能,促进个体健康发展和成长。野外营地教育追求的是多元化的评价体系,在这种多元化学生学习评价体系里,没有失败者,每个学生都能收获成功与快乐,体现了因材施教和学生个性发展的需要,对促进学生潜能释放,培养综合素质全面发展的一代,具有重要的意义。它有效地弥补了学校教育对于青少年学生全面发展、健康成长培养的不足,促进了青少年学生个性的健康发展。

五、青少年野外活动要真正成为"全人教育"的第二课堂

相对课堂教学而言，青少年野外营地活动教育没有教学大纲及教材的规定，也没有学校教育作息时间的限制，教学从进入营地的一刻，甚至到离开营地以后的一段时间之内，都在对学生潜移默化地实施着教育。从教学内容上看，它源于教材又不限于教材；它无需考试，但又是素质教育不可缺少的部分。从形式上看，它生动活泼、丰富多彩。它的学习空间范围广，可以在宿舍、餐厅，也可以在野外广阔的自然天地。如果说在学校里进行的课堂教学活动称之为第一课堂的话，那么在青少年野外活动营地进行的与第一课堂相关的教学活动，我们可以称之为第二课堂。它和学校教育共同实施对青少年的教育和培养，但是它和学校教育相比更综合化、多元化。

在青少年野外活动教育中，学生通过活动实践，从直接经验中学习，在做中学，做到知行合一。这种体验式学习的方法包括了体验、反思和超越几个环节，即先经由实践获得亲身体验，再通过对体验的反思、分享和交流，最终达至内在的超越。这是对传统学校教育培养方式的完善、补充和发展，是实施"全人"教育的第二课堂，成为实现培养"完整的人"这一教育目标大课堂。

对于学生素质的考核评价，目前主要由学校来实施。学校教育完成了规定的各门基础类学科——第一课堂的教学，但并没有完成教育目标对于人的培养的全面要求，还必须要由青少年野外活动营地等校外教育机构去补充第二课堂的教学，共同完成"全人"培养要求。第一课堂和第二课堂，并没有主次之分，更没有责任大小的区别，而是实施青少年学生教育目标培养的两个并列的教育环节。任何环节的偏颇，都会把学生塑造成知能不平衡的人，只有学校教育和青少年野外活动营地等校外教育机构有机衔接起来，才能共同担负起培养青少年学生的责任，使他们知识丰富、心智健全、身体健康，实现德、智、体、美全面发展的教育目标。

第二节　青少年野外活动教育与学校教育的对接

上海市少年儿童浏河活动营地"自主、自理、实践、创新"的办营理

念，充分发挥野外活动营地的教育功能，加大投入完善软件、硬件建设，满足师生所需的生活设施与活动设施，积极主动地和学校教育相配合，多管齐下，拓展与学校教育有机衔接的途径，树立为学校教育服务的思想。20 多年来的实践得到学校、学生的认同，良好的社会信誉吸引了成千上万的学生前来活动。

营地的建设和发展充分依托了周边野外自然环境的优势。实践表明，良好的地理环境、特有的乡土文化、悠久的文物建筑、具有教育意义的纪念馆等成为办营的有利条件。

浏河营地处在新老浏河之间，四面环水俗称"浏岛"。岛上绿树成荫，树种丰富，阡陌交通，水系发达，地形错综复杂；更有农民村落，日出而耕，日落而息，炊烟袅袅，一片鸟语花香的田园风光。周边还有国防教育共建单位、现代化农业园区、现代养殖场、新农村典范"毛家桥"、"华亭人家"等，这些都为青少年野外教育活动奠定基础。校外教育与校内教育的有效衔接成为全体营地人思考的主题，20 多年的实践探索与瓶颈突破让浏河营地积累了较丰富的经验，找到了与校内教育的多种"接口"。

一、加强硬件建设，优化营地活动教育环境

目前，上海乃至全国的青少年野外活动营地建设非常快，但依然不能满足学校教育的需要。青少年野外活动营地必须做好充分的准备，才能实现和学校教育的有机衔接。要实现和学校教育的有机衔接，必须在以下环节下工夫。

1．完善的硬件建设

青少年野外营地教育是学校教育的延伸和补充。要实现和学校教育的有机衔接，营地必须科学规划，达到一定的标准，才能满足学校开展校外教学活动。

一个成熟的野外活动营地，必须具备完善的生活设施和丰富的活动内容，才能满足学校教育的需要。目前上海的教育大纲规定的野外活动有军事训练实践活动、农事实践活动、社会实践活动，以及由学校自主选择的野外休闲、拓展训练活动等内容。要满足各级各类学校的教育需要，必须要具备一定规模的硬件设施和开展活动所必须具备的野外场地等自然环境资源，才能实现和学校教育的有机衔接，不然，营地教育活动的开展和营地自身的发展就会受到影响，作用也会受到限制。

(1) 科学规划，完善规模和硬件标准。

上海《关于进一步加强高中学生农村社会实践的实施意见》明确要求学农社会实践基地要加强基础设施的建设，提供物质保证。基地应制定与完善发展规划，确保农业劳动的田块，合理配置农村实践学习用房（农耕知识讲堂，多功能教室，农耕文化展示室等）、生活用房、办公用房及辅助用房。要为师生提供充足的劳动工具和防护用具。上海市教委明文规定，上海市中学生军训基地必须具备 1 500 平方米以上的训练场地等要求。

按规范要求建设的青少年野外活动营地必须要有满足师生活动所需的生活设施与活动设施。上海市军训、学农基地建设有明确标准要求。实践基地要以科学发展观为指导，遵循学生发展为本的理念，坚持公益性原则，不以追求利润为目标；坚持服务性宗旨，为广大学生提供优质的教育资源和服务管理；基地要加强基础设施的建设，提供物质保证；要合理配置实践学习用房、生活用房、办公用房及辅助用房；要加强课程建设，提供丰富的教育资源；要为学生提供现代化教学设施，运用网络、媒体、影视等教育资源，开拓学生视野，提升科学和人文素养，逐步形成具有基地特色的教育资源库；要加强环境文化建设，体现育人理念；环境布置要充分体现育德、益智、健体的宗旨，营造良好的管理育人、服务育人的氛围；要重视文化建设，通过图片展览、实物展示、宣传画廊、农业作坊等形式，使学生受到情感熏陶。

浏河营地依据这些要求近几年投入 1 000 多万元进行学生生活、活动设施的改造。先后设计建成了宿舍、食堂、礼堂等学生生活设施 8 000 平方米，拥有床位 700 张；改造并丰富了"勇敢者道路活动""毅园休闲活动区""民俗文化苑""生态农业园"等野外兴趣活动设施；同时建设了一个占地 150 余亩的学农实践基地。目前浏河营地也成为上海闻名的、学生活动设施齐全、活动内容丰富、环境优美、青少年学生理想的野外活动场所之一。

(2) 科学选址，发挥地理和资源优势。

野外活动营地的选址，对于营地日后的发展以及活动项目的开设都极为重要。合理的布局，能促进一个地区野外教育均衡、合理的发展，便于学校组织学生来到营地开展野外活动。

国外的营地都选择在山地、森林、公园、历史遗址等地，我国的很多野外营地，如东方绿舟建在淀山湖畔，佘山营地建在佘山脚下，浏河营地选在新老浏河交汇而成的浏河岛上。在大自然中孩子们可以开展登山、采集标本、天文观测、钓鱼、游泳、做沙雕游戏、看日出等活动。

大自然给孩子以知识和无限的灵感，有科学研究证明：身处大自然之中，与大自然融合，如镜的潭水、悦耳的鸟鸣、广阔的大海和沙滩、幽静的山林、开满野花的草原、潺潺溪流等，都可使人心灵处于愉快之中，使大脑得到放松。参加野外活动，不仅使身体得到锻炼，精神得到陶冶，而且，还能使身心平衡发展。人们在这种自然环境中所得到的体验和感受到的裨益，是室内运动所没有、不能替代的。由此可见，野外活动营地必须凸显它的地理优势。

2. 丰富的活动课程

青少年野外活动营地的活动课程建设，是实现野外活动营地和学校教育有机衔接的核心问题。野外活动教育没有具体的书籍，而是通过一个个生动、活泼、富有趣味的活动促进学生成长。

浏河营地的课程建设围绕营地特色，抓住青少年学生的心理特点以及学校教育的需要，结合营地自己的各种资源，设计一系列富有"野趣、农趣、志趣"特点的野外活动，包括军事训练课程、农事实践课程、野外探险课程、自然探秘课程、生活技能课程、休闲体验课程等六大板块的活动内容，丰富和拓展了营地原有的活动内容，为实现和学校教育的有机衔接做好了充分的准备。

如勇敢者道路活动、划船、钓鱼等休闲体验活动，泥塑、草编、农家乐访谈、田间采摘、小动物养殖等等农事体验教育活动，农作物、浏岛植物识别、浏河的潮汐变化等自然探秘教育活动，套被子、整理餐桌、宿舍内务管理、野炊等生活技能教育活动，军事训练、部队参观、武器操作、军事化寝室内务管理等军事实践教育活动。这些活动，有效延伸了学校的教育，既深得学生的喜爱，又深得学校、家长的赞同，对学生学习兴趣、科学精神、生活能力、情趣陶冶、身体机能的培养都具有积极意义。

二、争取行政支持，实质融入整个教育体系

全日制中小学校是青少年学生学习活动的主要阵地，人才、资金、政策等资源都集中于学校，学校拥有组织学生开展社会实践活动的主动权。青少年野外活动营地要发挥其育人功能，除了加强自身建设，向学校大力宣传之外，更要最大限度地争取行政支持。

浏河营地领导掌握时机，善于借势，除了注重平时的强化宣传外，还邀请市、区各级领导视察指导营地的工作和建设，积极配合嘉定区教育局有关职能部门开展在营地的实践活动，积极向区教育局建议在嘉定区中小学生中开设浏河营地系列实践活动课程，充分发挥营地地处嘉定区域优势，为嘉定区中小学生社会实践提供服务。浏河营地牢固树立"有为才有位"的指导思想，紧紧抓住上海市教委高度重视校外教育工作这一机遇，紧密结合当前校外教育的发展现状，以"优质辅导、优质服务"为宗旨，服务于学校，服务于学生，赢得了来营学校和社会各界的广泛好评，有力地凸显了营地校外教育的功能。这一显著效果使嘉定区教育局领导有充分的理由相信，营地的活动教育，是儿童的乐园，是雏鹰展翅的舞台，是学生实现全面发展的大学校。在这样的背景下，自2005年起，嘉定区教育局将营地活动纳入了全区小学、初中、高中教育计划中。

2005年9月起，由嘉定教育局德育科主办，营地协办，嘉定区30多所小学、4 000多名五年级学生"TXTY（探寻体验）营地之旅"主题活动拉开了帷幕。在此次"TXTY"之旅中，学生紧张而充实，快乐而自信；他们走近古建筑状元楼、潜研堂，走近郑和下西洋的图片展近距离与古人"对话"，民族精神渗入心间；他们浮桶横渡、水上攀登、木筏漂流、荡索过河——充满挑战的体验活动让学生的心中充满了勇敢和自信。学生在探寻中了解了历史，在体验中品味了快乐。嘉定区教育局领导充分肯定了嘉定五年级学生"TXTY（探寻体验）营地之旅"主题活动所取得的教育成效，并决定将嘉定八年级学生的14岁生日主题活动也纳入到营地的活动之中。

2006年5月，嘉定区八年级学生"放飞青春"14岁生日主题活动预备会在营地如期召开，营地活动受到了嘉定区教育局党委和行政的大力支持和关注，由此，营地活动揭开了新的一页。

2007年—2009年，营地紧密结合社会热点事件，精心设计嘉定五年级和八年级学生"热点"主题活动方案。2008年的北京奥运会举世瞩目，营地推出了"运动·奥运——展风采"主题活动。2008年5月12日，四川汶川遭遇强震，举国之殇，全民同咽，营地赶制了"千千纸鹤寄真心"的祈福晚会。2009年3月和9月营地向嘉定八年级、五年级学生推出了"相约营地，共迎世博"主题活动。

这些活动，与之前已经纳入嘉定区课程计划的高一学生军训活动、高二学生学农实践活动，组成了嘉定区中小学生的浏河营地系列实践活动课程，成为了嘉定区学生德育的精彩篇章。

在嘉定区教育局的支持下，营地的社会实践活动成为了嘉定学生社会实践的必修课，也推动了浏河营地和嘉定区各中小学的校本课程建设。

以前营地的活动课程相对简单，课程设置也缺乏系统的设计，所以来营活动的学校，都是使用一套活动方案，较少考虑学校的实际情况，教育作用受到了一定的制约。嘉定区教育局的支持，促使营地的活动课程建设更加注重和学校教育的衔接，注重与不同年龄段学生实践活动的衔接。

能够得到教育行政部门的支持，把野外营地的实践活动纳入学校教育计划，是实现野外活动教育和学校教育有机衔接最优效的途径。它能在一定程度上改变目前教育中重文化课程教学、轻社会实践的教育弊端，改变学生知能发展不平衡的现象。

三、主动结对联谊，承接兄弟学校校外活动

青少年野外活动营地要主动关注学校教育。通过与学校的积极联系，了解学校办学的方向，更新教育理念，掌握教育内容、教育方法、教育方式的变革，从而改进营地教育活动，更好地为学校教育改革贡献力量；要研究学校、学生的现状，了解他们的爱好需求，设计好活动并积极实施，通过体验和实践，为学生的成长助上一臂之力；了解学校教育需要补充什么，拓展什么，使营地活动与学校教育更密切结合起来，为营地的活动教育和学校的学科教学配合找准着力点和支撑点。

要做到这样的效果，营地就必须要有服务于学校、服务于学生的信念，不断打磨、调整活动内容、活动目标和辅导方式；视营地的活动为学校教育的一部分，使营地的野外活动课程成为学校社会实践的内容，成为学校的课程，为学校、为学生量身定做个性化的营地实践活动方案；营地教师若把自己作为学校教师，那么营地和学校教育完全融合在了一起，野外活动营地和学校教育也就真正做到了有机衔接。

城市化进程的不断加快，使学生整日所见是繁忙的城市建设和车流，却对农村、农作物缺少了解，针对教育中的缺失，市区、城镇学校来营活动都希望增加认识农作物的活动。因此，在和上海市第一师范附属小学、北京东路小学这样的学校合作中，浏河营地都会调整这类学校的活动菜单，根据农作物生长的季节规律，适当安排来营活动的季节，精心安排参观养殖场、农田采摘等活动。针对现今学生普遍存在的生活自理能力差、劳动教育时间少的实际情况，营地会给合作学校推荐安排换套被套、整理餐桌、洗刷餐具、

田间劳动等实践活动。

营地在课题研究中，积极主动地和上海市第一师范附属小学、北京东路小学、育才中学等20多所中小学校密切配合，制定出针对他们学校的个性化活动方案。营地市场部在学校开学以前就与学校确定好来营活动时间，以便学校制定营地活动计划；营地活动部和市场部根据学校人数、班级数、活动季节、实践目的，联手为学校制定来营活动方案后交学校提出修改意见，再返回营地制定出最终的活动方案交与校方；学校在来营地之前通过校会、班会、家长会等形式，向学生做好活动准备、动员等教育工作；有特殊需要的学校，营地可以派出主辅导员，负责学校来营地活动的联络、调节和服务；营地服务部根据活动方案，为学校制定出教育活动场地和设施、食宿、生活自理等方面的服务和准备。学生来到浏河营地，如同在自己学校一样开展活动。

营地设身处地地为学校、为学生设计贴近教育需要、学习需要的野外活动，不仅大大提高了学生在野外活动营地接受教育的效果，也为营地赢得了良好的口碑。这种营、校互动地开展野外实践活动的合作方式，为营地的建设发展，创造品牌营地作出了有益的探索。

通过主动地和学校结对联谊，营地实践活动目标明确，效果显著，但需要营地和学校的共同努力。这种基于对教育改革和教育发展的认同和使命感，使学校和营地走到一起，为学生拥抱自然、健康成长提供一个宽广的野外教育课堂。

四、依托社会中介，扩大营地活动教育影响

目前，学生的社会实践活动形式选择面广。现在的社会是一个竞争的时代，各种校外教育场所也非常多，一些企业性质的公园、风景区都可以成为学生社会实践活动的选择。学校在组织野外实践活动中，会遇到很多困难。以组织学生开展社会实践活动为主的社会中介组织，为学校开展野外实践活动提供了方便。密切加强和这类社会中介组织的联系，是青少年野外活动教育扩大影响、打造品牌、发挥教育作用的有效措施。

1. 社会中介组织的现状

学校组织学生开展社会活动存在一定安全风险，学校往往难以承担，于是很多学校愿意将这种活动交给社会中介组织，将风险转移到中介机构。教育主管部门也希望学校的外出活动交与社会中介组织开展，这些社会中介组

织有隶属于教育系统内部的事业组织，也有挂靠于旅行社的企业组织。

在这些中介机构中，隶属于教育系统内部的中介组织，可以利用行政命令，垄断本地区学校的社会实践活动。这种中介组织，组织能力、领导力较强，教育性相对欠缺。一般都将本区县学生的社会实践活动，集中在某一时段、某几个场所（营地、基地、风景区等）大规模开展。教育主管部门此举是想对学校的社会实践活动有一定的领导和管理，但实际上，这种中介组织往往会忽略学校的实际需要，且对所选择的实践活动场所缺乏深入了解，教育效果作用不明显，本质上这是对学生社会实践活动的教育作用认识不够。

挂靠于旅行社的企业组织，他们在组织学生活动时或有教育部门统一安排，也有旅行社推荐，学校自主选择活动。在组织教育部门统一安排的实践活动时，这类中介实际是代理了教育部门的权利；在组织学校自主选择的活动时，学校就是它的一个客户，中介是承办了学校的组织工作。这类中介组织对学校的服务质量较高，对活动场所也有一定的了解，与学校和教育主管部门形成了一种合作关系，但其商业性的运作使其活动收费较高。在其业务拓展的过程中也会存在和学校、活动场所双方沟通不够，重利益轻教育的倾向。

2. 社会中介组织的作用

目前的青少年野外营地还处于实验期，没有条线业务管理，社会中介组织在学校和青少年野外活动营地等校外教育机构之间架起了一座联系的桥梁，它为学校提供了丰富的社会实践活动菜单，也为青少年野外活动营地带来了大量的生源。

社会中介为扩大业务，会不遗余力地向学校推广、介绍社会实践活动的场所，青少年野外活动营地的活动是他们理想的业务。在浏河营地这几年的发展中，社会中介的力量也功不可没，它为营地扩大在学校中的声誉，推广营地活动教育作用，起了宣传介绍的作用。但在社会中介组织的活动中，普遍存在着教育作用发挥不佳的现象，这也给青少年野外活动营地的教育提出了一个新的课题。

3. 依托中介组织，推广营地活动

上海市少年儿童浏河活动营地在开展接待学校的实践活动中，充分认识到了社会中介的有效作用，积极利用社会中介，通过召开推介会等形式，多渠道推广营地活动，宣传营地教育理念，使浏河营地的野外活动课程通过中介深入渗透到学校中，使营地有广泛的知晓度。

浏河营地在实践中，积极和有关区县的学生社会实践教育中介联系，介绍浏河营地的活动教育，通过在教育报刊、杂志上宣传营地的建设情况、活动内容或活动图片的宣传资料来推广营地活动；通过教师撰写的营地活动教育论文、获奖的科研成果介绍营地活动的教育作用；建立营地网站，对外宣传营地活动和教育理念。在和崇明、奉贤等区县教育部门的学生社会实践活动中介组织的合作中，精心设计活动方案，成功组织了崇明、奉贤等区县学生的浏河营地野外活动教育。

在和旅行社一类的中介组织合作中，浏河营地会选择一些资质优良、信誉良好，有一定知名度的中介组织合作，优先选择有教育背景的中介组织，保证活动的教育性和活动质量。当中介有组织学校活动意向时，营地会邀请中介和学校先考察营地生活和活动设施，介绍营地历史和教育理念，和中介共同为学校制定活动方案，发挥中介服务学校、推广营地活动教育的积极作用，实现营地、中介、学校共赢的效果。

五、推出学分管理，促进课程学习灵活选择

青少年野外活动营地在活动教育中对学生的管理评价体现了上海新课程方案和《上海市学生民族精神教育指导纲要》《上海市中小学生生命教育指导纲要》（以下称"两纲"）精神所要求的让多数学生在活动中积极进取、勇于创新和让学生获得可持续发展能力的精神。因此，在野外活动教育中实践探索学分管理，让学生在营地活动课程体系中，广泛参与营地活动课程的学习，灵活选择活动课程，最大限度地发挥学生在活动学习中的创新潜能，促进学生知识技能的掌握和可持续发展。

营地推出了不同类别活动课程的学时和学分管理，学校和学生可自主选择相应课程的学习和体验，在营地活动中，通过学生自主参与活动和体验，按照营地学生活动评价标准，获得营地和学校教师以及相关管理人员的认可，就可以获得相应活动课程的学分。

目前，在浏河营地的野外活动教育中，获得教育行政部门支持的教育活动以及和营地结对联谊的学校，都可以实施学分的管理，并取得了较好的效果。学生在浏河营地的野外学习活动，是延续学校的学习计划，获得相应学段的实践学习学分。在其他合作类型的活动中，学分管理只能是一种粗放的状态，只要参与营地活动，学校认可，学生也能获得实践活动学分。

第四章　青少年野外活动教育的课程开发

第一节　青少年野外活动课程的开发历程

活动课程是以学生的兴趣和直接经验为基础，以与学生学习和社会生活密切相关的各类现实性、综合性、实践性问题为内容，以研究性学习为主导学习方式，以培养学生的创新精神、实践能力及体现对知识的综合运用为主要目的的一类新型课程。它的孕育和发展，经过了课外活动（包括野外活动）、第二课堂、第二渠道、活动、活动课程等阶段，反映了我国课程重点培养学生的创新精神和实践能力的价值追求和课程改革的历史进程。这个进程与世界课程改革大潮的趋势息息相通，对我国课程理论建设和课程实践是一个巨大的促进。

20 世纪 80 年代以来我国的活动课程大致经历了以下三个阶段：课外活动阶段、活动课阶段和综合实践活动课程阶段。课外活动的普遍开展与盛行，始于 18、19 世纪的西方。1981 年我国教育部颁布了《全日制五年制小学教学计划（修订草案）》，第一次将课外活动列入教学计划。课外活动具有教育性、自愿选择性、实践性等特点。活动课始于 1992 年 11 月国家教委颁布的《九年义务教育全日制小学、初级中学课程计划》，其根本特征是活动性、自主性、综合性和开放性。在 2001 年 5 月《国务院关于基础教育改革与发展的决定》中，综合实践活动课程被列为基础教育新课程体系中的必修课程，它具有综合性、实践性、开放性、生成性、自主性等特征。综合实践活动课程是教师引导下学生自主进行的一种批判性、反思性、研究性、交往性的实践，是一种以学生的经验与生活为核心的实践性课程。它不是其他课程的辅助或附庸，而是具有自己独特功能和价值的相对独立的课程形态。

一、青少年野外活动开发的背景

野外运动是青少年以亲身实践为主要形式，以定向越野、远足郊游、野外露营、野外生存能力训练及自然知识的学习与考察、各类体能拓展为主要内容，在自然环境下开展的青少年综合素质教育活动。在国外，特别是西方发达国家，自"二战"时期起，到六、七十年代逐步地探索和发展，已经形成了一整套相当完备的野外运动教育体系。

在我国，青少年野外活动营地教育事业的出现，也是时代发展的产物。随着中国社会对内改革、对外开放政策的深入推行，物质上不断丰富和思想上不断开放，教育思想也得到了逐渐的解放。

20世纪80年代初，随着把规定一对城市夫妇只生一个孩子、优生和优育定为一项基本国策，对独生子女问题的研究开始引起有关部门和专家学者的重视。大多数研究者认为，独生子女在遗传体质方面与非独生子女无大的差异，但由于独生子女在家庭中所处的地位特殊，容易养成性格上的特异性。独生子女若家庭教育失当，容易出现以下心理偏异。

（1）父母和祖辈的溺爱娇宠，容易使孩子变得自私，凡事先考虑自己的利益得失，不知为他人着想。

（2）对"独苗苗"百般袒护，长者不愿约束孩子。孩子在家庭这个最先接触的社会结构中，未能养成尊重长辈、遵守纪律的自觉性，而是任性骄横，走向外部社会也不懂得尊重他人。

（3）独生子女没有兄弟姐妹为伴，幼时缺少与小伙伴一起游戏的集体活动，既难以养成与人协同合作的精神，又缺少竞争性，所以社会适应能力差，容易形成孤僻、缺少热情的个性倾向。

（4）在家里，许多本应独生子女自理的工作父母往往代劳，孩子易于形成依赖性，自主精神和自主能力较差，也缺少劳动自觉性。

（5）家长望子成龙，请家庭教师，陪同孩子上各种辅导班。孩子缺乏应有的游戏时间，容易产生厌学情绪。

针对第一代独生子女在教育中存在的种种问题，在一些老专家、老领导的关心和支持下，学习国外的户外教育形式，结合当时的"夏令营"活动教育模式，开创了上海的青少年野外活动教育事业。通过组织"星期营"等形式的野外活动，让学生离开父母，和同学们一起在野外营地生活一个星期，让他们亲近大自然，融入大自然，在自然环境里尽情地活动、玩耍，从而锻炼他们的生活自理能力，体会伙伴之间团结合作的集体主义精神，培养他们勇于克服困难的勇气和信心，磨砺他们的意志，塑造积极、健康的心理。

1983年7月成立的上海市少年儿童佘山活动营地，是上海第一家少年儿童野外教育营地。四年后又成立了上海市少年儿童浏河活动营地。营地活动让学生在集体生活中学习自理，陶冶性情，促进身心健康成长；在营地的野外活动教育中获得感受，体验感悟，掌握知识，接受锻炼。这是社会发展的现实要求和少年儿童健康成长可持续发展的需要。

进入21世纪，东方绿舟——上海市青少年校外活动营地的成立，作为上海市政府送给百万青少年21世纪的又一份厚礼，是上海市落实科教兴国战略和大力推进素质教育的一项重大工程。该营地拥有国内资源最充实的国防教育园，内容最丰富的名人雕塑区，设施最完备的拓展训练基地，品种最齐全的植被资源；同时还拥有生存训练、科学探究、水上运动、素质拓展、团队竞赛等丰富的活动项目。

野外活动的自然性、实践性、互动性和综合性的特点，决定了野外活动课程内容没有严格的规定，其根本形态是直接经验，是以青少年学生的直接体验为基础的对其他课程体系认识的超越。许多著名的教育家对通过直接体验获取知识都较为推崇。例如，卢梭让爱弥儿从游戏、种植、木工劳动中学习；裴斯泰洛齐强调"生活会造就人"；福禄贝尔呼唤"让自然做你的教师吧！"杜威则直观地告诉我们："学校课程相关的真正中心，不是科学，不是文学，不是历史，不是地理，而是儿童本身的社会活动。"因此，我们在设计野外活动课程内容时，必须从学生的直接体验出发，进行合理有效的选择和安排。一方面，要坚持以学生发展为本的观点，以思想道德教育、心理健康教育和体育健康教育"三结合"的目标要求为主旨，突出"回归自然生活世界"的野外特征；另一方面，要围绕学生与自然的关系、学生与社会的关系、学生与他人的关系、学生与自我的关系，依托现代课程理论与方法，将定向越野、远足郊游、野外露营、野外生存、拓展训练等体育活动，以及"红色资源""民俗文化""民间游戏""智力开发""生产劳动""调查访谈"等内容和形式，提炼、加工、整合、升华为项目主题，架构多维度、多层次的开放系统课程内容体系。内容的排列与组合根据学生的年龄、性别和认知水平不同进行合理调配，并通过不断实践，发现问题、分析问题和解决问题，充实并完善课程内容。

二、浏河营地野外活动课程的开发历程

上海市少年儿童浏河活动营地充分利用浏河岛地处农村的优势，发挥野外自然景观资源以及附近的农业、历史、文化等教育资源，通过举办"一日营""二日营""三日营""亲子营"等野外实践体验活动和学农、军训等，组织开展丰富多彩的社会实践教育活动。营地坚持以"野趣、农趣和志趣"为主线组织开展各种教育活动，成为浏河营地的一大特色。这一特色成为浏河营地活动课程开发的灵魂，对浏河营地品牌建设和发展起了重要作用。

1. 探索阶段的活动课程建设

开营之初，接待对象以小学四、五年级学生的"三日营"和"星期营"为主，且都是各校的三好学生、优秀少先队员以及市区学生。营地结合当时的"夏令营"活动教育模式，利用浏河岛起伏的地形，坚持"野趣"特色，开展如"勇敢者道路""划船""钓鱼""野炊""林间游戏"等兴趣类、休闲类的野外活动，陶冶学生性情，愉悦学生身心；利用营地的生活设施，在学生的营地生活中开展简单的生活自理活动，培养学生自主、自理能力；利用班级或小队的形式，开展集体竞技活动，培养学生的集体主义观念，加强团队合作精神的培养。这些活动对当时的独生子女起到一定的教育、锻炼和示范作用，也受到学校、学生的欢迎。

这一阶段的野外活动，由于社会的需求和接待量相对较小，活动内容也不是很丰富，也没有将活动提升到课程建设的认识高度，以满足来营学生活动需要，满足当时学校野外活动教育的需要。这一阶段最受学校感兴趣的是"勇敢者道路"活动。"勇敢者道路"是20世纪50年代就有的一个老活动，从部队军事训练的"勇敢者道路"演变而来。浏河营地早期的"勇敢者道路"活动，包括"荡索过河""抢渡""勇走铁索桥""过封锁线""梅花桩"等，这些活动注重学生胆大、心细、勇敢的心理品质的培养，强调团队合作，突出集体主义精神。"勇敢者道路"抓住了当时孩子缺少伙伴交往、以自我为中心、缺少锻炼活动的现实情况，用集体野外活动的形式，深深地吸引了学生的兴趣。寓教于乐，让学生在活动中接受教育，是浏河营地教育的初衷。

2. 发展阶段的活动课程建设

随着社会的不断进步发展，人们对教育的认识逐步地更新，野外活动教

育越来越受到学校和社会的关注。在 20 世纪末和 21 世纪初，浏河营地迎来了发展壮大的有利时机，特别是在 2001 年 5 月《国务院关于基础教育改革与发展的决定》这一教育文件颁布前后，浏河营地领导抓住机遇，结合营地三期工程的建设落成，逐步形成了现在的规模，教育功能也逐步扩大到军训、学农、野外休闲体验三大类的综合性野外活动教育，接待对象也从小学生逐步扩大到初中、高中生，甚至其他性质的各类在校生。

综合实践活动课程被列为基础教育新课程体系中的必修课程，它是由国家设置、由地方和学校根据实际开发的课程领域，是为了克服学校课程分科过细造成的学科之间割裂、课程脱离学生生活以及学生创造性的缺失而设置的课程。综合实践活动课程注重研究性学习、社区服务与社会实践、信息技术教育、劳动与技术教育等领域的融合，其综合性、实践性、开放性、自主性、地方性等特征，使学校在课程设置上具有广泛的选择性和灵活性。

国防教育、农业实践、社会调查等课程广泛受到学校的欢迎。浏河营地利用地处农村的资源优势和周边的国防教育资源，针对不同年龄段学生综合实践活动课程的要求，推出了野外休闲体验、军事训练体验、农事实践体验、乡土历史文化教育、时政主题教育等野外活动课程。活动形式日益丰富，从单一的"三日营""星期营"活动，逐步扩大到"一日营""两日营""三日营""亲子营""星期营""休闲拓展营""军事训练营""农事实践体验营"等多种形式的野外体验活动。

这一时期，浏河营地在硬件设施建设上得到很大的投入。生活设施按照规范要求已经达标，但营地建设的核心是活动课程的开发。因此，浏河营地紧抓"野趣、农趣、志趣"的"三趣"特色，围绕营地自身和周边丰富的教育资源，开发了大量的野外活动。野趣类活动在保持原有项目的基础上，增加了毅园休闲体验活动区，丰富了"勇敢者道路"活动；农趣类活动增设了新农村考察、现代农业园区参观、田间农事体验活动、农家访谈、农家乐、喂养动物等活动；志趣类活动有野外拓展、野外定向、军事训练体验、生活技能学习等活动。这些活动受到了学校、学生的欢迎，为学校开展校外社会实践活动提供了丰富的选择空间，为浏河营地教育功能的拓展奠定了坚实的基础，为营地未来的发展打开了上升的通道。

3. 完善阶段的活动课程建设

浏河营地课程建设的日益丰富，使学校对浏河营地的活动有了丰富的选择性，也使浏河营地逐渐思考如何进一步完善日益积累的野外活动课程，更大地发挥这些课程资源优势，为学校，为学生创造更多、更丰富的野外活动体验。浏河营地加强了教科研工作，在 2008 年提出了"青少年野外活动营地和学校教育有机衔接"的课题研究，意在创造贴近学校、贴近学生的野外活动，创造品牌野外活动营地。针对这一目标，此次课题研究加强了营地野外活动课程的开发、整合和研究。

品牌营地的建设，需要硬件设施的达标，更需要教育功能的不断丰富、教育活动课程的不断完善、教育科研的不断加强、服务质量的不断提高等软件设施的达标。

在近年的营地工作中，浏河营地围绕原有的"三趣"特色，加强课题研究，加强课程建设，促进营地的教育质量日益提高。在活动课程建设中坚持以"三趣"品牌为灵魂，依托"军事训练""农事实践""野外休闲拓展体验"三个系列的活动，开发建设了包括军事训练课程、农事实践课程、野外探险课程、自然探秘课程、生活技能课程、休闲拓展课程六大板块的活动，有效地对学生实施素质教育。

通过教育科研使浏河营地的课程建设从无意识的实践，逐步发展到主动地结合学校教育的需要，开展营本课程建设，把营地活动课程建设作为营地建设发展的头等大事。在六大板块的活动课程中，保持了传统的野趣特色活动，又发掘了潜在的、深受学校欢迎的探究性学习活动课程，新的活动课程体系适应了更多更丰富的学校活动需要。

如对"军事训练"活动课程，原有的认识只停留在用于高中学生的军训活动，所有活动课程仅仅是立正、稍息等军训有关的科目。通过课题研究之后，发现很多学校、各学段的学生都有军训实践活动需要，并都希望丰富军训活动形式，增加军训活动的趣味。因此，在原来的军训活动课程中，浏河营地加入了"勇敢者道路"这一野外趣味活动，赋予它军事训练活动的教育目标，受到了学生的欢迎。

在传统的农事实践课程中，增加了军训活动课程的内容。如在内务活动中，加入了军事化管理的要求；在休闲拓展课程中，融入了劳动教育的活动课程；通过课题研究，一些未被开发的资源，充实到了新的活动课程中，"认识浏岛珍贵树木""浏河、长江口观潮""参观砖窑厂""用餐、宿舍内务自助服务"等活动在"野外探险课程""自然探秘课程""生活技能课程"中得以实施。紧抓特色，多角度、全方位地发掘营地自身和周边地域中的教育资源，使浏河营地的活动课程精彩纷呈、丰富多彩。

在实践中，浏河营地迎合了学校不断提高的野外实践活动的教育需要，有效地组合了"军事训练、农事实践、野外休闲拓展"三个系列的活动，在活动方案制定中有机地整合了这些活动资源。例如，在嘉定区中小学生浏河营地社会实践活动中，增加了很多农业知识和劳动教育的活动，而卢湾区两所小学的野外休闲拓展活动中则增加了军训活动，这样，既丰富了活动内容，让学生在活动中锻炼了意志品质、愉悦了身心，又对学生进行了国防教育、队列操练等科目的训练，给学校的教育管理和学生素质的提高，带来了显著的变化。

第二节　青少年野外活动课程的开发经验

"经验"有两层含义：一是指由实践得来的知识或技能，二是指体验。我们习惯把经验划分为直接经验和间接经验，直接经验是指个人通过亲自活动获得的经验，间接经验是指他人的知识成果。

活动课程的开发经验是通过实践得到的，它既指经验的结果，也指经验的过程；既指经验着的事物，也指经验着的感受。

野外活动课程的开发经验的过程是连续互动的过程。野外活动课程的开发经验的连续性意味着，每种经验既从过去经验中采纳了某些东西，又以某种方式改变未来经验的性质；既从过去活动中采纳了某些东西，又以某种方式改变未来活动的性质，从而形成"课程的开发经验"的不断改组与改造。

一、活动课程开发的流程

学校实施的课程集中体现了一所学校教育价值的取向，直接影响学生的发展和教育质量的提高。学校要全面推进素质教育，就必须抓好学校实施的课程整体优化，特别是在优质高效实施国家课程的前提下，努力开发具有地方特色和学校特色的校本课程。

活动课程开发在学校中并不是什么新鲜事。许多教师自从进入这个职业以来就可能一直在从事某种活动开发的工作。有些学校的学科讨论小组、备课组也可能已从事活动开发工作很长时间了。可以说，活动开发的范围可以宏观到整体课程的革新，也可以微观到把校外的材料引进来补充课堂教育的不足。事实上，所有求发展的学校都应该从事某种活动开发来促进课堂教学，尽管可能是以某种非正式的方式来进行的。从这个角度来说，活动课程开发在大多数学校中一直在进行，有效的课程开发将成为学生素质教育发展的途径。

活动课程开发在我国还处于起步阶段，没有固定的模式，也没有现成的经验，对其基本的模式和程序也在探讨之中。总结操作层面的经验，活动课程开发应遵照以下程序进行。

1. 建立领导机构

由校长、教师、课程专家、家长共同组成课程开发委员会，校长任委员会主任，为校本课程开发提供组织保障和领导保障。其职能是咨询、把关、审查和提供帮助。

2. 进行前期论证

任何形式的课程开发之前都要经过前期论证，活动课程开发也如此。论证主要从两个方面进行：一是要将开发的目的、意义、项目报课程开发委员会讨论，要经委员会认定；二是要将开发的课程在学生和活动学校中征求意见，看所开课程学生是否需要，是否喜欢，是否能真正促进学生的发展。

3. 培训专业师资

对教师的培训要立足于校本培训。内容重点在两个方面：一是对教师进行课程理论的培训，让教师初步掌握课程的一些基本原理，明确课程目标、课程内容、课程实施、课程常识、课程探究等基本理论，为课程开发提供理论依据；二是对教师进行专业知识培训，不断拓宽其知识面，扩充和完善教师的知识结构，为课程的开发提供知识和智力上的支持。教师培训是校本课程开发的前提。在教师掌握本专业的知识的基础上，要做到有效地开发校本课程，还必须不断地扩大教师的知识面，丰富其知识结构。

4. 定题搜集资料

校本课程的开发首先需要明确主题、范围和领域。主题的确立首先要考虑是否贴近学生的内在需要。检验任何一类课程是否成功的标志很多，但学生的需要必须放在首要位置。为了使开发的课程能够符合学生的兴趣和爱好，开发者应该在学生中开展广泛的调查，通过发放问卷、开座谈会等方式，让学生说出感兴趣的领域和知识。

资料的搜集和应用要注意以下问题：一是资料的科学性要经得起推敲；

二是信息要具有前沿性，要把与课程有关的最新信息、最新研究成果通过课程介绍给学生；三是信息资料要具有广泛性，积累的资料不仅要有国内的，还要有国外的，让学生了解这一领域中世界范围的发展走向。

5. 撰写课程纲要

申请开设校本课程的教师首先必须写一份简要的《课程纲要》，同时要附有课程介绍，交给学校课程开发委员会审议。《课程纲要》一般要包括下述内容：辅导教师、活动材料、活动场所、时间安排、注意事项和活动评价等。

6. 具体实施反馈

确定课程后，单位组织相关人员进行课程内容的编写，并在一定范围内组织实施，在实施过程中发现问题应及时反馈。反馈的形式可以用现场观摩、问卷调查、调查访谈等多种形式，力求全面周全。浏河营地在2010年确定"开心农场"活动后，分别组织教师现场观摩讨论，在组织学生实施活动后，进一步完善了活动方案。

7. 评价调整推行

最后一个环节是对活动进行评价，包括学生活动效果，实际接受的效果，领导与教师参与听课后的评价，学生问卷调查的结果，确定各因素在评价结果中所占的权重，最后综合考虑几个方面的因素，形成对课程开发者的最终评价。通过评价反馈，效果较差的活动应进行调整。

二、野外活动课程开发的原则

从野外活动的教育形式上，课程开发内容可按身体练习、技术训练、技能训练、心理训练和综合训练等方面划分；从野外活动的教育目的上，课程开发内容可按锻炼团队、陶冶情操、磨炼意志、开启智慧、净化心灵、完善人格等方面划分；从野外活动的教育内容上，课程开发内容可按沟通、信任、交流、自主、合作、探究、生存、观赏、劳动、游戏等方面划分。但不管课程内容如何划分，在开发野外活动项目上应当注意坚持以下四方面原则。

1. 趣味性和独特性

尊重学生的兴趣、爱好与特长，符合学生的身心发展特点，有利于激发学生参与活动的动机和热忱。结合本地实际，最大限度挖掘当地人力、物力、自然环境资源，形成野外活动教育的特色和风格。例如，浏河营地地处风景区，开办时就是为了青少年户外活动锻炼之用，所有的活动项目都蕴涵了趣味性，水上项目"趣桥"更是通过不同种类的"桥"使得学生在活动中享受快乐。

2. 安全性和可靠性

确保所选内容的安全系数高，实施过程中有措施、有保障，能消除一切安全隐患，保证学生生命安全。"安全"是活动的第一要素，活动如果出现不安全，就应当坚决取消。浏河营地开发的所有野外活动项目都建立在确保学生安全活动的基础上进行。"高空铁索"的铁索每年进行检测，定期更换，并在铁索旁增设保护网。周到的安全措施让学生在活动中有安全感，也使得来营地活动的学校教师对营地放心。

3. 可行性和实效性

活动内容应简单易行，难易程度适宜，学生通过努力完全能够达成目标，具有一定的推广使用价值。浏河营地自 1987 年开办至今已有 20 多年，从开办初只有 10 多个项目发展到现在近 30 个项目，营地项目可行性得到充分体现。在 2009 年就有 4 省市和区县到营地来学习考察，营地开发的活动项目得到同行的肯定。

4. 思想性和教育性

围绕活动项目的主题和目标任务，选择的内容要具有鲜明的思想性和教育意义，有利于学生全面素质的提高。作为一个校外教育结构，有别于一般的游乐场所，思想性和教育性必须贯穿整个课程内容。浏河营地开发的课程都有一定的教育性。"勇敢者道路"可以培养学生良好的意志品质，锻炼学生不畏艰难的性格；"开心农场"可以让学生在活动中认识农作物，走进农村，热爱农民，并初步掌握一些农事技能。

三、野外活动课程开发的经验

1. 因地制宜开发课程资源

野外活动营地的活动突出"野外"二字，因此开发课程资源必须考虑地域的特性，合理利用周边教育资源，更可以使得课程活动丰富多彩。

浏河营地在开发课程资源中就依托周边的教育资源，建立了一个广泛的野外教育网络，学生来营活动除了自身得到锻炼以外，还能接触社会，了解社会。将本土具有个性特色的历史文化、民俗文化作为营地鲜活的特色活动，在活动中"润物细无声"地渗透"两纲"教育，无疑是一种科学、明智的选择。

浏河营地内的三幢古建筑，有着丰富的历史底蕴，而地处城区的嘉定孔庙、秋霞圃有着悠久的历史，折射出灿烂的中华文明。地处不远处的浏河刘家港，是明朝航海家郑和下西洋的始发地。2005 年起浏河营地突出历史特色，将历史融入活动中，追忆前人脚步。让参营学生走进嘉定孔庙、秋霞圃，走近清代状元秦大成、清代著名学者钱大昕，走近明朝航海家郑和；在对嘉定孔庙、秋霞圃及营地状元楼、伏虎庙和潜研堂的历史底蕴及郑和下西洋的历史背景和意义的探寻活动中，让参营学生了解人类历史的源远流长，了解灿烂的中华文明，学习古人的进取和探索精神。此活动让学生体会到了科学精神与人文精神相融合所产生的魅力，收到了一定的成效，成为营地特色活动中的一大亮点。

2007 年，在项目建设上，营地利用鱼塘边的空地投入 80 万元，用于布局更新"民俗文化园"。建设有：（1）九子园——跳皮筋、拍毽子、木头人、造房子、搓铃……这些曾经流行于 20 世纪六七十年代的民间传统游戏，在今天的城市里已很难寻觅；（2）农耕文化展示园——利用实物、资料、图片和模型展示农业生产过程、农民劳动生活场景和历史沿革，展现农民耕作与生活的全貌，反映农耕文化的历史变迁。

同时，浏河营地走出营门，走向社会，开发利用周边的资源，拓展活动项目。参观社会主义新农村——毛桥村就是一个非常典型的实例。毛桥村已被确定为全国 35 个社会主义新农村建设示范村之一，也是上海市市委、市政府确定的建设新郊区新农村 9 个先行试点地区之一。它地处嘉定现代农业园区中部，北与江苏省太仓市交界，区级霜竹公路横贯全村。毛桥村 2、3、8 三个村民小组交错相连，共有 105 户村民。全村土地总面积 1 272 亩，辖 8 个村民组，243 户，总人口 730 人。2005 年农民人均可支配收入 10 300元，高于上海市农民人均收入水平。经过多年努力，毛桥村村民生活和各项社会事业得到较快发展。人均住房面积达到 40 平方米，90% 住宅为二层楼房，大多为 20 世纪 80 年代建造。

通过参观活动，让学生了解社会主义新农村毛桥村的村貌、环境和民居，了解新农村农民的文化生活及生产生活状况，了解毛桥村的发展史，从而使学生明白党的改革开放、建设社会主义新农村政策的英明。

因地制宜地开发活动课程，对学校开展乡史、乡情知识教育和民俗教育带来了极大的便利，野外活动教育效果也显著提高，得到了学校的欢迎。

2. 突出特色打造课程品牌

野外活动的开发是由校外教育单位根据实际开发的课程，其内容的选择原则是尊重每一个学生的兴趣、爱好与特长，体现和反映每一所校外教育单位的特色，充分考虑单位现有的教学资源，挖掘身边的资源突出特色。因此，校外教育单位应对活动进行统筹规划，教师应善于挖掘和发现，创设活动项目，在开展综合实践活动中，应积极利用现有资源，形成学校的特色。

野外活动营地的教育优势是以实践活动为载体，以强调潜能开发、注重创新精神、强化动手能力等为特点，以个性化与社会化相结合，有效地促进中小学生整体素质的提高。

上海市少年儿童浏河活动营地的办营理念为自主、自理、实践、创新。多年的实践与应用，得到学校、学生的认同，良好的社会信誉每年吸引五万余名学生前来活动。原国家教委副主任王明达给浏河营地题词：浏河营地很有特色，不仅为青少年提供了课外活动场所，也是对中小学生进行民族文化传统教育的基地，应大力提倡，努力办好。上海市第一师范附属小学教导主任说，浏河营地每年会推出一系列的活动项目，深受我们小朋友的欢迎。孩子们在这里开展一系列的快乐的活动，收到了很好的效益。我们一师附小和浏河营地在这么多年的合作中，共同成长、共同收获，是一项双赢的活动！《新民晚报》记者现场采访春游学生，问他们印象最深的春游是哪次，孩子们异口同声地回答：两年前的浏河"两日游"！

浏河营地在开创初期，发挥地处农村的优势，利用当地浏岛风景区秀丽的风景和周边丰富的人文和环境资源，以自主自理能力和良好的行为规范、心理素质的培养为重点，以野外集体活动为载体的教育模式，构建"三趣"教育品牌，丰富学生活动体验。

浏河野外活动分以"军事训练""农事实践""野外休闲拓展体验"三个系列的野外兴趣活动为主要内容的体验活动，积极对学生实施综合素质教育，有效弥补了学校教育的不足，具有其他校外教育机构和学校教育所不及的优势和特点。

军事实践活动，让学生感受了军人的风采和毅力，遍尝"甜、酸、苦、辣"之味，使他们少了一些娇气，多了一些坚强；少了一些依赖，多了一些自强；少了一些怨天尤人，多了一些勇往直前。体验志趣是以营地的

"勇敢者道路"活动与军训活动为标志，同时也渗透在营地的野趣活动与农趣活动之中。体验活动主要包含队列操练、武器操作、内务练习、部队参观、"勇敢者道路"等系列军事活动以及野外休闲、拓展训练系列活动。

　　农事实践活动让学生们参观养殖场，进行农家访谈和农田耕作，这些社会实践活动带有浓郁的乡土气息，不仅从城市来的学生，连从农村来的学生，对不少富有生活气息的活动内容也感到生疏。这种生疏正好满足了学生好奇的心理。这诸多的"第一次"从"源头"上吸引了学生。（1）做农活。让青少年学生下农田体验一些简单的农活操作，如锄草、灌水、施肥治虫、种菜、为果树剪枝、给果实包扎、进行水果采集活动。营地还有一个小小的养殖场，养着猪、羊、鸽子，学生可以进行喂食、打扫等活动。这些农活虽然简单但也有趣，因为学生从未真正体验过，对于他们具有新鲜感。扛着水，歪歪扭扭地走，水会从桶里溢出，欢乐的笑声由此而生；钻进茂密的果林，满园丰盛的果子，你摘我采，带来了丰收的喜悦；在圈舍里，猪哼、羊叫、鸽子飞，有时小动物还会走到学生跟前，与他们来一次"亲密接触"，嘻嘻哈哈笑声一片。这些农活虽然简单而有趣，但干的时间一长也会感到累，在养殖场里还会闻到臭味。累、臭的感受也是体验的结果，这种体验使学生在感受快乐的同时，也能带来进一步的思想感受，体会农民的辛苦、农业的价值、农产品的来之不易等，活动的教育价值再次得到提升。（2）进农家。学生每每进农家访问，观察农家的陈设，和农民聊家常，都很有收获。农民家里用上了煤气、自来水、彩电、冰箱、洗衣机，大家都高兴农民生活好起来了；小屋囤着粮食，放着各式各样的农具，大家都感到新奇；农民端出了热气腾腾的山芋、毛芋芳、南瓜等土产品让大家品尝，香喷喷、甜津津，更是引得大家喜笑颜开。学生在农家通过看、听、说，了解了农家信息，增进了社会知识；通过与农民相处，体验到了农民的淳厚、朴实。（3）讲农事。讲农事包含两方面内容，一是在做农活、进农家过程中，给学生讲相关的农业知识和农业技术，学生边听边做，在理论指导下实践，在实践过程中得到体验；二是组织高年级的学生在干农活、进农家之后，听取关于"三农"问题的讲座。讲座的内容是课堂里很少听到的，因而学生也很感兴趣，如什么是农业？农业是怎样产生和发展的？农业的社会价值是什么？科学技术在农业发展中的作用和农业科技的新鲜事有哪些？等等。有鲜明的观点，有真实的事例，讲座深深吸引了青少年学生。"讲农事"活动的安排是推进体验的重要环节。体验离不开实践，而在实践中获得的感性认识必须上升为理性认识，体验才有深度，才会牢固。

"野外休闲拓展""勇敢者道路"活动，既使学生享受到了大自然的恩赐，又使学生体验惊险、挑战自我，在心跳中留下意志、毅力、突破、进取，这些将在未来的成长之路上，陪伴学生，给学生智慧、勇气和力量。"浏岛"的自然风光是大自然的一个缩影，以浏岛自然风光为背景设计的活动项目，使活动富有野趣，如划船、垂钓、野炊、林中休闲、荡索过河、识别植物、采集标本，等等。这些活动突出了人与自然关系中的体验主题，使学生融于自然，并通过感官接触自然界各种事物，从自然界获取知识，获取成功和快乐的体验，从而滋生亲近自然的情感，培育爱护自然一草一木一物的良好行为习惯，实现道德体验的目的。"勇敢者道路"活动乍看有那么一点险，但它又是学生欢迎并且能够接受的带有童趣的险，既体现了与学生心理、生理相符合的特点，又锻炼了学生的胆量和体魄。

"勇敢者道路"活动设计注重了学生的需要，巧借营地自然地形、园林绿化和人造景观，同时我们也充分考虑了把学生的志趣培养与满足学生新奇性、愉快性相结合，最受入营学生的青睐。

浏河营地在这些充满诗意、充满生命活力的真实生活和真实情境中设计出了富有野趣、农趣、志趣的社会实践活动方案，让来营学生体验野趣——以野趣之乐释放人生欢情，体验农趣——以农趣之乐解读农耕文化，体验志趣——以志趣之乐磨炼意志。

诚然，上述目的能否实现，关键在于各个活动项目的内容和质量，即这些活动对青少年学生能否具有强大的吸引力。实践证明，浏河营地所设计的活动项目受到广大学生的喜爱。其根本原因在于这些活动都在野外进行，映入学生视野的不是有限的空间，而是广阔无限的自然世界，不是人工制作的精细事物，而是真实的自然景物。这样的空间和景物，在家庭、学校、城市难以见到，当学生走出家庭、学校、城市，来到"浏岛"，就会产生像鸟儿冲出笼子飞向天空一样的感觉，就会以巨大的热情去拥抱自然，去观察广阔空间的各种自然景物，深感自然的神奇和伟大，人类一切活动都离不开自然，热爱自然、保护自然的情感会油然而生。这就是浏河营地课程特色之魅力。

3．调研反馈满足社会需求

贴近教育发展需求是野外活动开发的基点。国家对青少年学生的培养要求是德、智、体、美全面发展。上海二期课改的目标为：坚持以学生发展为本的课程理念；确立以德育为核心、以培养学生的创新精神和实践能力为重点的课程目标；注重课程间的整合，密切课程内容与学生生活、社会科技发展的联系；倡导自主的、合作的、探究的学习方式和发展性学习评价。

目前，学校教育过于强调学科体系，以获得系统知识为目的，忽略了学习内容与学生生活世界的有机联系，不利于学生学习空间的拓展和学习兴趣、学习态度的养成；学习方式仍以教师讲授为主，学生的学习任务完成以书面作业为主；强调人类文化的继承和间接经验的习得，忽略了学生个体在真实情境中体验知识生成与应用的能力及实践能力、创新精神的培养。

野外活动营地的教育优势在于以实践活动为载体，以强调潜能开发、注重创新精神、强化动手能力等为特点，将个性化与社会化相结合，有效地促进中小学生整体素质的提高。

野外教育活动的课程优势还包括能根据学生的实际需求及时调整。浏河营地充分发挥了德育主阵地的作用，寓教于乐，通过组织各种主题的社会实践活动，让学生在真实的场景中锻炼体魄、磨砺意志、陶冶爱国情操、培育爱国精神。根据实际问题设置新的活动项目内容，是浏河营地课程设置的重中之重。所谓的新项目是指营地要随着学生的兴趣和实际需要，并根据学生目前思想道德、行为规范等方面出现的问题，不定时地增加新的活动内容和调整主题活动，与社会和学生的发展相适应，为学生的发展和所需服务。

（1）品牌主题活动。

倾听自然的微笑，分享成长的喜悦；放飞青春；毕业歌，浏岛情；我是一个兵；大手牵小手，你我共成长；营地 TXTY 活动。

（2）"热点"主题活动。

2008 年的"运动·奥运——展风采"主题活动。其中的"同一个世界、同一个梦想"奥运知识类板块使学生学习了解奥林匹克运动知识，理解北京申奥的伟大意义，体验申奥成功的快乐；公园定向运动这一充满挑战的活动给学生在心中注入了机智和自信；竞技晚会各项比赛紧张而又激烈，高潮迭起，学生们用激情共同奏响了奥运的旋律！

2008 年 5 月的"激扬青春，情系灾区"为灾区人民祈福主题活动。2008 年 5 月 12 日，四川汶川遭遇强震，举国之殇，全民同咽。5 月 19 日晚，浏河营地的礼堂里、操场上纸鹤千千、烛光点点。正举办嘉定区八年级学生 14 岁生日主题活动"激扬青春，情系奥运"的浏河营地关注着灾区、情系着灾区，适时调整了晚上的主题晚会，赶制了一台祈福晚会，愿四川汶川强震中的逝者安详，愿生者坚强。

2010 年的世博会，是中国的盛会，上海的盛会。为此 2010 年 3 月和 9 月营地向嘉定八年级、五年级学生推出了"相约营地，共迎世博"主题活动。

2010 年，鉴于目前学生生活自理能力日渐退步，而学校又无法开展此类生活技能的训练，营地教师又设计了一套培养训练学生生活技能的活动项目，内容包括铺床叠被、整理房间、收拾碗筷、认识农作物、参加低强度的田间劳动，等等。

浏河营地的主题教育活动，和学校德育工作有机地衔接在一起，能结合时事，及时调整。通过营地的精心组织，教育资源的利用率和教育效果得到了提高，受到了学校的欢迎。

4. 发挥能者专长创设课程

教师是野外活动开发的设计与策划者、组织与管理者、指导与参与者，是对课程资源进行鉴别、开发、利用的主要载体。教师不仅要开发外在的资源，包括学生的资源、实施条件的资源，还要开发自身的资源。教师的知识与技能，过程与方法，情感、态度与价值观等是教学过程中经常要遇到的课程资源。在课程资源开发主体群中，教师是课程资源开发的核心主体。教师作为资源开发的主体，其自身知识结构、能力素质和对资源的意识程度等与课程开发效果密切相关。教师之间的合作与帮助、团结与促进、交流与共享，利于积累、开发和利用各级各类课程资源。

嘉定的双宝之一——黄草编织，起源于徐行，传播于唐行，作为地域文化，在学生的学农劳动过程中开设黄草编织的教学课程，既可在学生中传播民族文化，又可提高学生的动手能力，给学生的田间劳动增加一些乐趣。

草编课开设已经好几年，担任草编的教师是土生土长的本地人，对草编有着深厚的感情，而且技巧功底扎实。通过黄草编织的教学，使得这个即将消失的民间技能得到传播，达到理想的教学效果。

营地的部分教师是来自学校的体育教师。在浏河营地有一位体育教师在"定向越野"活动方面有丰富的教学经验，于是营地开设了该活动课程。在这位教师的带领下，营地其他部分教师也掌握了此项活动课程的教学要求。通过专长教师的引领，使得"定向越野"活动成了营地的品牌活动项目。

原来担任学校生物教学的教师转入营地，由他开设的"自然探秘课程"结合营地的地域优势，积极倡导让学生亲身经历以探究为主的学习活动，培养他们的好奇心和探究欲，发展他们对科学本质的理解，使他们学会通过探究解决问题的策略，为他们终身学习和生活打好基础。通过各种主题活动，培养学生热爱大自然的情感。如"认识浏岛珍贵树木"活动中，告诉学生不要折一花一草，如果大自然里没有这些花草，树木光秃秃的，大自然就不漂亮了。"走进水的世界""长江口观潮"活动让学生走近水库或河边，给他们讲解水是十分宝贵的，提醒学生要节约用水，水源也不能受到污染，植物、动物、人类喝了脏水会生病或者死亡，不要往水库里或河里扔果皮、塑料袋等。可以调查学校周围环境污染情况，制定家乡环境改造方案，做"环保小卫士"，懂得环境保护的重要性，充分感受自然界的和谐与美好，自觉地保护环境，改善环境，培养热爱生活、保护环境的强烈责任感。

自然探秘以其独特的教学模式，将中国传统文化、社会、人文思想融入教学中，从学生最易感知的自然及生活实物入手，培养学生主动探究知识的兴趣，引导学生认识生命价值，关心自然环境，关爱他人，推进学生对自然、社会和自我间内在联系的整体认识与体验，发展学生的创新能力、实践能力以及良好的个性品质。

第五章　青少年野外活动学习的管理与评价

第一节　青少年野外活动学习的管理

野外活动学习的管理，是根据学生的年龄、生理和心理特点及野外活动学习规律，在学生管理工作者和学生之间开展相互作用，以促使学生形成正确的野外活动学习目的和态度，达到良好的学习状态的一种约束机制。野外活动营地的学习管理具有以下特点。一是管理具有系统性。野外活动学习管理是学生管理工作的一个重要组成部分，它是学生管理系统的一个子系统，需要营地各方面齐抓共管。包括学生的思想，学生的"玩"法，学生的遵章守纪，学生的活动时间安排，学生的生活等，都是野外活动学习管理的内容。它不仅需要专职学生管理工作者付出艰辛的劳动，而且需要营地带班教师的通力协作；不仅需要良好的班风、校风来熏陶，而且需要学生坚韧的意志品质；不仅需要后勤人员周到的服务，而且需要社会大气候有益的影响；等等。片面强调某一方面因素而忽视另一方面的因素，都有可能影响学生野外活动学习的管理。因此，建立健全有效的野外活动学习管理机制，是正常运行野外活动学习管理工作必须着力解决的问题。二是管理具有层次性。无论来营活动的学校是何种类型，都有年级差异和不平衡性，这种现象反映到野外活动学习管理中必然体现层次性。三是管理具有灵活性。来营学校学生野外活动的学习内容、形式丰富多彩，不同的野外活动学习内容，不同的体验方式，均要求对学生野外活动学习管理的方法多种多样，灵活有致，既要有纪律控制和约束，又要有微观调节。如果不注意针对具体情况使用合适的管理方法，就不可能真正调动学生野外活动学习的内在积极性，使管理成为学生搞好野外活动学习的可靠保证，使野外活动学习管理工作落到实处。

近年来，为激励学生社会实践的热情，促进学生的全面发展，浏河营地结合实际，制定了农事实践课程、军事训练课程、野外探险课程、自然探秘课程、生活技能课程、自然审美课程的学习管理体系，为广大青少年学生的健康成长起到了积极的作用，也积累了许多有益的经验。

一、野外活动学习的学时和学分

（一）农事实践课程

学时：7天。

学分：5分。

学时安排：田间劳动及农业技能学习为28小时（3.5天）；学习考察包括考察新农村或听农业专题报告约8小时（1天）；参观农业类科技场馆约4小时（0.5天）；生活管理包括集体生活实践训练约4小时（0.5天）；分项目"自我管理"实践约4小时（0.5天）；创作与"农村实践活动"有关的文艺作品约4小时（0.5天）；主题展示活动约4小时（0.5天）。

（二）军事训练课程

学时：5天。

学分：3分。

学时安排：军事理论和知识讲座约2小时（0.25天）；学习《内务条令》《纪律条令》《队列条令》约2小时（0.25天）；军事技能训练约28小时（3.5天）；军事活动约4小时（0.5天）；创作与"军事训练"有关的文艺作品约2小时（0.25天）；内务整理展示约2小时（0.25天）。

（三）野外探险课程

学时：3天。

学分：2分。

学时安排："勇敢者道路"系列活动（攀岩、水上攀登、趣桥、荡索过河、水上封锁线、高空铁索、低空索道、浮桶横渡、木筏漂流、铁索桥、索道过河）约20小时（2.5天）；定向越野约4小时（0.5天）。

（四）自然探秘课程

学时：2天。

学分：1分。

学时安排：参观砖窑厂约4小时（0.5天）；浏河长江口观潮约4小时

（0.5 天）；认识浏岛珍贵树木约 4 小时（0.5 天）；走进水的世界约 2 小时（0.25 天）；辛劳的蚂蚁约 2 小时（0.25 天）。

（五）生活技能课程

学时：2 天。

学分：1 分。

学时安排：生活自理指导（套被、叠被、整理内务、收拾餐桌、洗碗、洗衣）约 8 小时（1 天）；野炊（按规定的金额配菜并购买，完成烧菜、烧饭等）约 8 小时（1 天）。

（六）休闲体验课程

学时：2 天。

学分：1 分。

学时安排：毅园休闲区、沙雕、泥塑、农家乐、九子园约 8 小时（1 天）；林间（吊床和踩高跷）、迷宫、划船、钓鱼约 8 小时（1 天）。

二、野外活动学习评价达成表现的标准

实践中我们认为学生达成表现的标准应从知识与技能，过程与方法，情感、态度与价值观三个维度来确立，而且应侧重后面两个维度。

（一）农事实践课程

高中学生的农村社会实践是拓展学生学科知识，提升综合学力和个人素养的重要综合课程。根据上海新课程方案和"两纲"精神以及学生发展和社会发展的要求，浏河营地为来营参与农事实践的学生安排了三大系列的课程内容：一是田园劳作系列，实践内容有整地、锄草、施肥、采摘、挖沟、种植、黄草编织、做桃袋、树根涂白等；二是学习考察系列，实践内容有现代农业讲座、农家访谈、考察社会主义新农村毛桥村等；三是生活管理系列，实践内容有套被子、铺床、寝室内务评比、包（煮）馄饨等。对以上三大系列的农事实践课程学习评价的达成表现标准如下。

1. 知识与技能

了解和掌握一定的农业生产知识和技能；了解我国社会主义新农村发生的巨大变化；理解我国现阶段农业政策，懂得"三农"问题是加强国民经济的基础地位、事关全面建设小康社会大局、是我国社会主义现代化建设重中之重的道理。

2．过程与方法

体验劳动的艰辛，改变"四体不勤，五谷不分"的现象，学会珍惜劳动成果；通过将课堂教学中的书本知识和农业生产劳动、社会考察等丰富多彩的实践活动相结合的体验活动，提高理论联系实际的思维方式和实践能力。

3．情感、态度与价值观

感受社会主义新农村的变化，激发热爱农村、热爱劳动、尊重和热爱劳动人民的思想感情；在集体生活中增强自我管理能力，关心他人，关心集体，逐步建立同学之间、师生之间和谐的人际关系，形成温馨的班级集体。

（二）军事训练课程

军事训练是高级中学学生的必修内容，是学校实施素质教育的重要措施。通过军训，对中学生进行国防知识和遵纪守法的教育，培养吃苦耐劳的精神和坚韧不拔的顽强作风，增强集体主义观念，提高日常生活的自理能力。让学生通过军事训练课程感受军营生活，感悟军人作风，引导他们将军训的过程内化积淀为良好的行为习惯，为适应紧张的学习生活奠定坚实的基础。基于以上认识，浏河营地为高二年级学生为时五天的军事训练安排了如下课程。一是军事理论和知识讲座，实践内容有国防知识及中国人民解放军的性质、宗旨和光荣传统的讲座，学习《内务条令》《纪律条令》《队列条令》；二是军事技能，实践内容有单兵队列动作——整理着装、立正、稍息、整齐报数、敬礼、蹲下、起立、跨立、停止间转法、齐步、跑步和战伤救护等；三是军事活动，有观看《大阅兵》影像、唱军歌、军体拳操练、拔河比赛、寝室内务评比等。对以上三个方面的军事训练课程学习评价的达成表现标准如下。

1．知识与技能

了解《内务条令》的基本内容，熟悉《纪律条令》《队列条令》的有关内容，学会单兵队列动作。

2．过程与方法

通过训练，在"汗水"和"烈日"的洗礼下，增强克服困难的勇气和不屈不挠的品质；掌握队列动作的要领，军容严整，着装整齐，姿态端正，精神饱满，动作准确熟练符合规范要求，作风严明，遵守队伍纪律，班排动作迅速准确，协调一致；激发战胜困难的信心和勇气，培养艰苦奋斗、吃苦耐劳的作风，为以后的工作和生活打下良好的基础。

3. 情感、态度与价值观

增强组织性、纪律性，树立正确的世界观、人生观和价值观，培养良好的举止和仪表，提高综合素质；感受我国国防现代化建设的伟大成就和军营战士自强不息、孜孜以求的工作和学习精神，增强对军人的感性认识，激发爱国热情，强化国防观念，增强民族自尊心和自强、自理能力，激励报效祖国的远大志向。

（三）野外探险课程

野外探险是培养学生身体素质、心理素质、意志力、创造力、人际交往能力和团队合作能力的一个很好的平台。学生的参与是野外活动的核心，而参与又是对学生进行自主教育的最好方式，在活动中育人，活动中发展能力，活动中磨炼意志，而且其效果往往体现在活动过程之中。浏河营地充分利用了浏岛周边的自然资源设计了野外探险课程，课程项目有水上攀登、趣桥、荡索过河、水上封锁线、高空铁索、低空索道、浮桶横渡、木筏漂流、铁索桥和定向越野等。对以上野外探险课程的学习评价的达成表现标准如下。

1. 知识与技能

了解有关探险的知识，掌握活动要领；定向越野中能借助定向地图、指北针，按照规定的顺序和路线，以最短的时间完成点标寻找，到达终点。

2. 过程与方法

通过野外探险，强健体能，挑战心理，完善人格，增强思维判断和反应力。

3. 情感、态度与价值观

通过切身体验，磨炼克服困难的毅力，培养健康的心理素质和积极进取的人生态度，在快乐中实现自我教育。

（四）自然探秘课程

大自然蕴藏着无穷无尽的神秘，它充满了太多的未知——我们所了解的，甚至我们能想象的，都远远不及"真相"的万分之一。因此让学生去参观砖窑厂，去浏河长江口观潮，去认识浏岛珍贵树木，去走进水的世界，去与辛劳的蚂蚁为伴；去多问几个为什么，定会有很大的收获。

1. 知识与技能

了解课程中所蕴涵的知识。

2. 过程与方法

通过用眼看，用耳听，用嘴问，用心想，寻找答案，从而认识自然，获得知识，学会自主探究解决问题的办法。

3. 情感、态度与价值观

通过体验探究，培育亲近大自然、探究大自然的意识。

（五）生活技能课程

生活技能是指个体采取适应和积极的行为，有效地处理日常生活中的各种需要和挑战的能力。浏河营地对此开设的生活技能课程有消防知识讲座、内务整理、野炊等。

1. 知识与技能

掌握基本的生存知识和基本技能。

2. 过程与方法

培养生活能力，伙伴之间团结合作精神及相关个性品质。

3. 情感、态度与价值观

有基本健康的生活方式；能合理安排自己的生活；能比较成功地应付各种挑战；意志坚定，行为决断，处事待人公正；具备自尊和自信。

（六）休闲体验课程

让学生在紧张的学习生活中回归、体验自然。通过休闲活动放松身心，增强同学间的友谊，共同感悟大自然的纯洁之美。营地休闲体验课程有划船、钓鱼、九子园、农家乐、迷宫、参观养殖场、沙雕、泥塑、毅园趣木和采摘等。

1. 知识与技能

掌握休闲体验中所蕴涵的知识。

2. 过程与方法

学会放松心情的多种方法，充分体验闲情意趣的过程。

3．情感、态度与价值观

培养耐心细致的学习和生活作风，陶冶生活情趣，养成团结互助的精神。

（营地管理部指定一名人员具体负责学生野外活动学习评价的记载和保管。）

第二节　青少年野外活动学习的评价

在新课程改革理念下，评价被视为对被评价者提供反馈、促进其发展的途径。"发展"意味着每一个学生的全面发展，在学生野外活动学习过程中，"发展"是一个动态的过程，评价要承认并尊重学生的个体差异，以发展的眼光看待学生，应重视形成性评价的运用，强调在野外活动学习过程中关注学生个体的发展及其进步。因此，青少年野外活动学习评价不是终结式的，而是连续地进行，它贯穿于野外活动学习的始终，在野外活动学习之前、之中、之后都可以进行。为进行客观真实地评价，要注意收集有关学生野外活动学习的信息，尤其是野外活动学习过程中学生的心理特征诸如能力、精神与态度，这些仅靠测验技术难以获得可靠的数据，而教师的日常观察就是获取这些数据的重要手段。所以日常观察与正式的测试等评价手段相结合，对学生野外活动学习过程和结果才能形成全面的认识，并据此提出行之有效的建议，以促进学生的发展。

与学校运用知识解决问题的学习活动相比较，野外活动学习具有明显的开放性，它要实现每一个学生的个性发展，其目标具有开放性。它面向学生的整个生活世界，不是预先规定的、标准的东西，而是根据学生本人的兴趣、特长，并考虑已有的资源条件而不断生成。同时，野外活动的学习突破了课堂学习的封闭性，大量地借助校园以外的各种教育教学资源，从野外活动学习时间的安排、主题的确定、视角的选择、方法的运用到结果的表达等方面，都有展示学习者个性才能发挥的足够空间。因此，野外活动学习的评价强调多元价值取向和多元标准。第一，评价目标或内容的开发，即目标的多元性，不仅包括知识与技能，还包括学习过程与方法，情感、态度与价值观等目标。第二，评价主体的开放，即评价主体多元化，既可以是营地的教师、学校的教师，也可以是学生或学生小组，还可以是教官、农民，也可以是开展项目内容相关的有关人员。营地按照过程性评价与终结性评价相结合、教师评价与学生评价相结合、学生自评与同学互评相结合的原则，制定了课程评价标准，综合有关方面意见，实施科学评价，保证评价的客观、全面、公正，确保评价的导向和激励作用得以发挥。

评价学生是野外活动学习中十分重要的一个环节，明确评价的目的与功能，建立正确的评价观，对于野外活动学习的顺利实施有决定性的作用。如果能发挥评价的激励功能，使学生充分感受到被信任、被尊重、被爱护，就能使他们获得健康成长所必需的强大动力。新心理分析学派创始人阿德勒认为，每一个人都会有不同程度的自卑感，人类的行为均是出自于对自卑感的克服与超越，自卑感总是让人失去自信、精神沮丧、情感脆弱、缺乏创意。而心理实验显示，一个人所得到的外界评价与克服自身的自卑感有很大的关系，积极友好的评价能帮助人克服自卑感，反之，则让人的自卑感与日俱增。① 由此，我们不难判断，评价学生的目的应该定位在强化学生的自信心和积极性，唤起并引发学生的创造欲望，从而使之达到理想化的心理状态。只有学生的自信心和积极性得到增强，才会让学生对社会实践活动乐此不疲，形成上海新课程方案和"两纲"精神所要求的绝大多数学生在活动中积极进取、勇于创新的良好氛围。

一、评价主体的多元性

营地对青少年野外学习评价的主体包括五个方面：营地教师、入营学校教师、学生、营地食堂组和宿管组有关人员，其中以学生的自评和互评为主。

1．教师评价

营地教师和入营学校的教师对学生社会实践情况的评价具有权威性，浏河营地教师评价做到了公平、公正、客观、准确，不带主观好恶的色彩，更没有情绪化的成分。用发展的眼光来看待学生的社会实践过程，做纵向比较而不做横向比较，善于发现闪光点，肯定每一点哪怕是极其微小的进步，指出不足并给予鼓励。

---

① 付德．关于综合实践活动评价学生的几点认识[J]．湖南教育,2003(17)．

2．学生评价

自评要求强调客观性，实事求是，既不能忽略或轻视，更要防止夸大其词，言过其实。鼓励学生在自评过程中自我反思，吸取教训，总结经验。互评在自评的基础上进行，充分尊重自我评价，把他人的不足当做检查自己的镜子，把他人的长处看做自己努力的目标。这样，互评就不仅仅是检查一个人社会实践情况的活动，而是大家互相学习、取长补短、共同提高的过程。

3．营地食堂组、宿管组有关人员评价

这些评价重在考察用餐和就寝时的组织纪律的自觉性和主动性及生活自理能力。

二、评价方法的多样性

对学生的评价，既要关注他们在野外学习时知识与技能的理解和掌握，更要关注他们情感与态度的形成和发展；既要关注学生野外学习的结果，更要关注他们在野外学习过程中的变化和发展，注重他们的个性差异，保护他们的自尊心和自信心。青少年野外活动学习评价采用了检测评价和表现评价这两种评价方法，结合学校教师评价、营地教师评价、自我评价、同伴评价多元性主体评价，避免形式化，以便真实地反映学生野外学习的质量。在呈现评价结果时，则采用定性与定量相结合的方式。定量评价主要采用百分制的方式，定性评价主要采用评语的形式，充分肯定学生的进步和发展，并帮助学生明确自己的不足和努力的方向。

（一）检测评价

1．评价要求

以知识与技能目标为标准。通过检测，恰当地评估学生知识和技能的理解和掌握程度，把检测作为查缺补漏和促进学生野外学习的环节。

2．评价主体

营地教师评价。

3．评价类别（如农事实践课程）

（1）实物测试。

　　a．田间识别农作物：让学生说出营地植物园地里农作物的名称及播种季节；

b. 识别农具：说出农具的名称和用途。

（2）技能达标测试。

a. 劳动工具的使用；

b. 某一田间劳作的注意事项。

（3）农事知识测试（卷面）。

（二）表现评价

1. 评价要求

重视学生在社会实践活动过程中的态度、兴趣、情感以及解决问题的方法和各种实践表现，通过肯定他们的活动价值来营造体验成功的情境。例如，我们在对劳动领域的内务整理——叠被进行评价时，所注重的不仅仅是叠被速度的快慢，而且更侧重于关注学生对叠被这种家务劳动的兴趣，在叠被过程中产生的积极体验和由此而产生的对劳动者的尊重、对父母辛劳的体谅之情，以及通过自主探索得到的正确的叠被方法以及在劳动过程中合作、互助的精神。

2. 评价主体

学校教师评价、营地教师（教官）评价、自我评价和同伴评价相结合。

教师（教官）评价——根据学生的学习目标达成度、行为表现和进步幅度等，结合学生自我评价与班内互相评价的情况，对学生的野外学习进行综合评定。

学生自我评价——学生对自己掌握的知识技能、学习态度、情意表现与合作精神等进行综合评价。

班内互相评定——学生对班内各个成员的知识技能、学习态度、情意表现与合作精神等进行综合评定。

3. 评价手段

采用"看""听""查""记录"等评价手段。"看"——看学生活动过程中的情意态度等；"听"——听营地带班教师、宿舍管理组人员、食堂工作人员的反映；"查"——查寝室卫生、用餐情况；"记录"——营地带班教师按"每日情况记录表"要求记录所带班学生社会实践活动情况，并统一反馈。

综合以上四种评价手段，营地管理部会同市场部、活动部对入营学生作出相应的评价。

让孩子灵性成长

4．评价类别

（1）随机口头表扬。

学生参与社会实践活动的态度、兴趣，只要有点滴进步，营地教师就及时给予充分肯定和鼓励，使评价起到激励的效果。

（2）评价表上盖营徽章。

此评价适用于来营参与"二日营"休闲体验课程的小学生，集满5个营徽章，换1个营徽。

5．评价程序

学生个人整理参评材料—小组交流及互评—学校教师进行初评—营地管理部会同市场部、活动部进行最终的定性评价。

三、评价管理的规范性

在对青少年参加浏河营地野外活动教育进行评价的过程中，营地积极探索规范化的管理形式，实行档案化管理，制定了内容全面的学分认定表，对青少年的野外活动学习情况进行详细记载。相关课程评价与学分认定表格展示如下。

浏河营地学生农事实践课程评价与学分认定表

学校		班级	
姓名		活动时间	
项目	项目满分	自评	小组评价
田间劳动及农业技能学习	35		
学习考察	10		
参观农业类科技场馆	5		
生活管理	10		
"自我管理"实践	10		
创作与"农村实践活动"有关的文艺作品	5		
主题展示活动	5		
团队合作意识	10		
对自我的积极认识	10		

学校教师评价	（分优、良、中、合格四个等第）
营地教师评语	
学分认定	

浏河营地学生军事训练课程评价与学分认定表

学校		班级	
姓名		活动时间	
项目	项目满分	自评	小组评价
军事理论和知识讲座	10		
学习《内务条令》《纪律条令》《队列条令》	10		
军事技能	35		
军事活动	10		
创作与"军事训练"有关的文艺作品	5		
内务整理展示	10		
团队合作意识	10		
对自我的积极认识	10		
学校教师评价	（分优、良、中、合格四个等第）		
营地教师评语			
学分认定			

野外探险（自然探秘、休闲体验）课程评价表

学校		班级	
姓名		活动时间	
项目	项目满分	自评	小组评价
活动纪律	10		
活动态度	10		
活动参与度	15		
活动技能掌握	10		

续表

善于与他人合作	20		
对自然的积极认识	15		
活动体验与心志发展	20		
学校教师评价	（分优、良、中、合格四个等第）		
营地教师评语			
学分认定			

生活技能课程评价表

学校		班级	
姓名		活动时间	
项目	项目满分	自评	小组评价
活动纪律	10		
活动态度	10		
活动参与度	15		
善于与他人合作	15		
生活技能知识的掌握	15		
有效地处理生活中的需要	15		
活动体验与心志发展	20		
学校教师评价	（分优、良、中、合格四个等第）		
营地教师评语			
学分认定			

　　总之，在开展社会实践活动评价工作时，应以学生发展为目的，遵循评价的整体性、多元性、主体性原则，力求客观现实地反映学生在活动中的真实表现，充分发挥评价的连动作用，促进学生能力培养和自信心的逐步树立与增强，使社会实践活动成为学生喜爱的一种无负担、无压力，并能从中得到发展的教育活动。

第六章 青少年野外活动教育的案例呈现

第一节 青少年野外活动教育的精彩案例

休闲拾趣课程类

荡索过河

上海市少年儿童浏河活动营地 马炎

"荡索过河"是"勇敢者道路"活动中最惊险、最刺激的活动，许多学生缺乏自信心，不敢参加活动。因此，我在组织活动时就充分注意锻炼学生的胆量，培养学生的自信心。

静安外国语学校五（3）班有一位女生，胆子非常小，轮到她的时候就是不肯过河，于是，我对她说："不要害怕，我们再去多练习练习，最后一个荡，好吗？"我好像听到她松了一口气。等同学们都一个一个荡过去以后，终于再一次轮到她了，小姑娘仍然不敢，被同学硬拉到我旁边时已是泪流满面了。

针对这种情况，我对她说："哭了就不漂亮了。胆子大点，刚才你试荡时，动作很规范的，一定能够行的，一定能够荡过去的。老师相信你，你肯定能成功的。"小姑娘仍有些担心，不敢，怕掉下去同学们会嘲笑她。于是，我继续一方面消除她的恐惧感，另一方面激发她的好胜心：在你的面前只是一条小小的河浜，仅仅一个小小的困难就怕了，就退缩了？你看，同学们都一个个荡过去了，尽管有些人失败了，但为什么他们敢试一试，而你不敢，难道你不如他们吗？我再一次鼓励她，要她相信自己，并为她系上了保险绳。最后，小姑娘咬咬牙荡了过去，姿势挺优美的。等她到了对岸，我马上拍手，旁边围观的同学都鼓起了掌。小姑娘高兴地跳了起来，和好朋友拥抱在了一起后，随后又跑到我跟前，这时，她的整个脸上都洋溢着自信，"老师，我再来一次。"我打趣道："刚才的眼泪白流了吧！"活动结束后，我想，以后不管在学习上，还是生活上遇到了困难，她一定能够勇敢地面对现实去克服它。

"蜻蜓点水"

上海市少年儿童浏河活动营地　马炎

"蜻蜓点水"活动是浏河营地"勇敢者道路"活动中比较有趣的水上活动项目。

卢湾区第二中心小学四年级的李超小朋友，在全班同学都一个个走过去了以后，他仍不敢走，脚踩到木筏上又犹豫不决地退了回来。这时，我一方面消除他的恐惧感，另一方面激发他的好胜心。采用引导法，从学生熟悉的电影、故事、语文课中找线索。比如赖宁，为了保护国家财产，不顾生命危险冲进森林，扑灭大火。也可用类比法，从已走过去的同学为例，同是一个班的，为什么他们敢，而你不敢？学生都是好强的，经过我反复耐心地解说，再加上老师和同学们的鼓劲，胆大同学为他开路壮胆，虽然李超因害怕眼泪都流了下来，但最后还是咬牙走过了所有的木筏。他开心地朝大家大叫："我也走过来了！我也走过来了！"我想，以后不管在学习上还是生活中遇到困难，他一定能勇敢面对，努力克服。这就是此项活动的真正教育所在：使学生感到自己并不是一个失败者，而是一个有自尊心、自信心，也能获得成功的人。

浏河泛舟

上海市少年儿童浏河活动营地　金维明

　　"划船活动"是浏河营地的兴趣活动，是每位学生都乐于参与的活动。初春的某日下午，我带本区城中五年级（1）班的学生开展这项活动。在"清风徐来，水波不兴"的河面上，停泊着几叶小小的船儿，学生们远远看见这一景象便忍不住跃跃欲试了，好不容易等我讲解完了划船的方法要领，第一组6个女生就迫不及待地上了船拿起船桨自顾自地使劲划了起来，然而，拿起船桨的学生却显出一脸的不知所措，他们竟不知如何来"驾驶"脚下的这条船，任凭它在水中打转却无可奈何，遍寻脑中所有的记忆也找不出一丝有关划船的印象，虽然每个人都很使劲，但船就是不听使唤，一会儿向左，一会儿向右，就是不向前，害得差点和别的船只撞起来。我连忙叫道："Stop！这样可不行。你们不觉得再这样下去，永远也过不了桥吗？""是呀，这样就没意思啦！"晓敏说。"对，那你们应该好好合作才行。大家听我指挥！"我说。大家个个说好，我便像舰长一样开始指挥起他们的船只："小妍，你向后划，晓敏和小倩向前划，先调头。"很快，他们就把船调好头，接着，我指挥大家开始一起向前划："加油，一二，一二，一二……"他们动作一致，齐心协力，船终于听话地向前了。不一会儿他们就划过了桥洞，也没有和其他船只相撞。渐渐地，他们的合作越来越默契，驾驶船也有了感觉，说左转就左转，说向前它就向前。同学们一边划船一边欣赏着河边的美景，看着在水中荡漾的小船，他们脸上个个露出欢欣的笑容。上岸后，我以他们为例点评了这次活动，如果只是纸上谈兵，不进行体验，不虚心听讲，没有团队合作是不能到达胜利的彼岸的。

　　学生用自己的亲身经历做了一个"团结就是力量"的试验，如果不能很好地合作使再大的劲也没有用，而如果能够分工协作，那么就会起到事半功倍的效果。与此同时，学生也在这次活动中体验到了做一名小指挥的滋味，这会对她自信心的建立大有裨益。学生们在划船过程中体验到思考的作用，要善于总结经验，要沉着冷静，要合力协作，更重要的是学生自己能够意识到应当看重过程，而非结果。这些都是体验教育给予学生的宝贵财富。体验教育有效地将德、智、体、美各方面的教育要求融于活动中，寓教于

乐，玩中有得。而这种教育又是主动的、积极的、活泼的，是课堂教育无法
替代的。

水 上 竞 渡

上海市少年儿童浏河活动营地　金维明

　　水上竞渡活动实际是抢渡活动，是划船活动的巩固与延伸，需要的是团
队的默契配合与坚韧的毅力。当我讲完活动的方法和注意事项后，随着
"开始！"一声令下，五（1）班王佳一组驾着小船一起朝目标划去。没错，
这是一场定向划船活动。他肯定在想：一定要获得第一名。也许，每一组的
成员和他一样想的吧——这场竞争不能输。

　　他们分好工，王佳是一名"一级"划桨手。他们坐在船上，拿着船桨
使劲反划，让船前进。开始时一直遥遥领先，谁知，后来他们一不小心撞到
礁石上，船头反了。在拨船头的过程中，其他小船追了上来。我想，他们这
次一定拿不到第一了。他们显得六神无主，手中的那把桨像是不听指挥了。
"喂，你在干什么呀，划，快点！"同组的朱泓晨提醒道。这时他们四个
人顿时回想起我的话，沉着、镇定，挥动有力的臂膀拼命地划着。他们划破
河水，迎着浪花，赶了上去。十几条小船并驾齐驱，如同出征的战士。终
于，到了指定地点。随着"嘟嘟"声一响，王佳的船急忙拨正船头，在桥
洞下划了过去，太棒了，他们第一个出桥洞，我暗想第一名非他们莫属。只
见他双手紧紧握着船桨，不知是太激动了，还是什么，脚忽然扭了一下。旁
边的胡沁怡问了他一句："不要紧吧，坚持到底，就是胜利，加油！"听着
她的一番话，王佳再度拿起船桨反划，但是天不从人意，朱泓晨突然正划
了，他是故意的呢，还是一不小心出错的呢，这一出错，使他们全组的人手
忙脚乱，惊慌失措，不知该怎么办才好。正在犹豫时，五（1）班的朱亦衡
组的小船已经和他们并进了，并且超过了他们，最终，朱亦衡组的小船还是
快了一步，王佳一组只拿了个第二，好郁闷哦！

　　望着湖面那一望无际的水波，宛如缎子一样平滑而柔润，花草树木倒映
水中，构成一幅使人如痴如醉的彩图，充满着诗情画意。王佳他们的心情渐
渐好了起来。大家知道，失败是成功之母，只要努力过，付出过，不管结果

如何，都是美好而有意义的。

　　学生们在紧张的竞渡中，体验到成功所需要的镇定、沉着和与他人协作的重要性，他们从中学到竞争与合作的关系，进一步体验到集体的力量。

鱼塘垂钓

上海市少年儿童浏河活动营地　金维明

　　钓鱼活动是学生们非常喜爱的一项体验活动。实验小学四（2）班王蕾的营地日记这样写道。

　　"……李婷拿起鱼竿，我把一粒米钩在鱼钩上，然后把鱼线抛得远远的，我接过李婷递过来的鱼竿，静静地蹲在地上，等待大鱼的来临。过了一会儿，李婷忽然说，'快把鱼竿拿起来！'我连忙一提，唉！鱼饵已经被鱼吞进肚里去了，而大鱼却满载而归，溜之大吉了！

　　可我和李婷并没有灰心，继续挂上鱼饵钓鱼。李婷把鱼线带着鱼饵抛得好远好远，'这才叫放长线，钓大鱼！'李婷说道。可是过了好久好久，大鱼依然避而远之，不肯上钩。看到别人都钓到了鱼儿，我心里像打翻了五味瓶，真不知是什么滋味！

　　我觉得腿好酸，背好痛，脖子都快僵住了。我不耐烦地放下鱼竿，说：'好累啊，不钓了，钓这么久都没钓到，真没劲！'李婷劝我道：'钓鱼是需要耐心的，钓到一半就不钓了，这就是半途而废。我们做什么事情都要不厌其烦，有耐心才能做成，只要付出，就会有收获，不劳而获的人永远都不会得到甜果的。'听了李婷的一番话，我惭愧极了，是啊，不论做什么事情，都要有毅力，最后才能苦尽甘来，如果先甜，那一定会有后苦的呀！

　　我重新拿起鱼竿，开始钓鱼。

　　虽然最后，我和李婷没有钓到鱼，但是钓鱼令我受到的启示却是远远超过鱼的分量的，它可以让我回忆一生……"

　　池塘垂钓让学生在体验野趣的同时，也培养了耐心和毅力，启示学生做事不能半途而废，也不能企图不劳而获。相信这次浏河钓鱼的经历一定已经深深地刻在小作者脑海里了，时时刻刻会提醒她，让他受用一生。

水 上 闯 关

上海市少年儿童浏河活动营地　孙骊

记得在去年 6 月接待的一批"一日营"学生中，我的目光始终被一个女孩深深地吸引。她是一个左脚稍有残疾的女孩，可她却是那么的乐观、自信、自强。

众所周知，营地休闲体验课程中的"勇敢者道路"是营地的一项特色活动项目，它以其独特的教育性和浓郁的情趣性深受入营师生喜爱。这些活动对身体健全的学生来说都具有一定的难度，对她而言更具挑战性。

那天，第一个活动是"水上封锁线"，这是"勇敢者道路"中较简单的一个项目。整个活动设立在一条小河上，共有三关："水上平衡木""水上梅花桩"和"水上秋千"。我详细介绍了活动要领以及每一关的注意事项之后就安排学生开始活动了。

活动正在紧张而有序地进行着，学生们的情绪也随之高涨。忽然看到一个女生在走"水上梅花桩"时身体一晃，"扑通"一声掉了下去，紧接着有人大喊："'铁拐李'落水了，'铁拐李'落水了。"我急忙奔过去把她拉上了岸，由于入营单位的老师一个都不在，于是我赶紧安排了两个女生陪她去宿管组换衣服。一切安排妥当之后，我正纳闷，这个活动连小学生都能顺利通过，她一个初中生怎么会落水呢？而且，一个如此秀气而又水灵的女孩怎么会有这么难听的一个外号呢？我把刚才叫得最响的男生请了过来，问道："你们刚才为什么那么叫她？""因为陈颖的左脚有点跛，站着的话外人很难发现，如果走快了就会很明显了，平时她从来不参加任何类似的活动，只在旁边看着我们活动。""是呀，是呀。"一旁的学生也随声附和着。我这才恍然大悟，同时也为自己事先没能及时发现这一特殊情况而深深地自责。

活动结束之后，我针对这一现象作了总结："这次活动中我要特别表扬陈颖同学，虽然落水了，但她勇于克服自身残疾、心理障碍，勇于面对困难、挑战困难的精神，值得我们大家好好地学习，她是我们当中最勇敢的一个学生。她脚上的残疾已经为她带来了许多的不便，无疑也给她的心灵带来了一些伤害，不管痛苦是来自心理还是肉体，她都能正视现实，走出逆境，战胜自我，所以，作为她的同学，我们要理解她，要用各种方式去帮助她，而不该利用她的残疾来取笑她，你们说对吗？"听了我的话，当时取笑陈颖的学生，这时羞愧地低下了头。当陈颖换好衣服远远走来时，人群中发出了一阵阵响亮的掌声欢迎她归队。

第二个活动是"高空铁索"，在离地大约20米的高空，上下共横着3根钢索，有的学生一见此状就打起了退堂鼓，陈颖也露出了犹豫不决的神情。于是，我上前向她耐心详细地讲解活动中的要点、难点，并对她在第一个活动中的表现再次予以肯定，而当时嘲笑她的那位男生张兴也自告奋勇地提出愿做她的"护花使者"，会紧紧地跟在她身后保护她。在我们一再的鼓舞下，陈颖终于鼓足勇气跨上了高空铁索。她两手紧抓着两边的网绳，一点一点往前挪，走得很慢很慢，由于左腿的缘故给她带来了许多不便，我明显感到她的脚在发抖，颤颤巍巍地走着，加上双脚时不时被网绳绊住，我的心也随着提到了嗓子口，仿佛就要从口中跳出来似的。眼见着离出发点越来越远，她突然叫了起来："啊！我被网钩住了，快来帮帮我！"她急得快哭了，后面的张兴同学见了，犹豫了一会，便弯下腰慢慢地蹲下来，突然绳子摇晃了起来，张兴不小心松了手，差点掉到网里去，那些胆小的女生大叫起来，还好张兴眼疾手快抓住了绳子，我这才松了一口气，真为他捏了一把冷汗，最后终于把陈颖的脚"解救"了出来。我不断地鼓励她、不时地提醒她，"陈颖，眼睛向前看，步子跨得大一点，不用怕！""陈颖，加油！陈颖，加油！"人群中传来了一阵又一阵的助威声。啊！总算到了，热烈的掌声响彻营地上空。阳光映红了同学们一张张可爱的笑脸。

下午的划船活动中陈颖发挥了她心灵手巧的聪明才智，不仅是一名好舵手，也是一名好领导。在她的正确指挥下，四名舵手齐心协力第一个到达目的地，也是第一个顺利返航。之后的"荡索过河""水上攀登""木筏漂流"……吸引着所有的学生，他们被周围的环境感染着，更被那融洽和谐的情感陶醉着。在这种情感的驱动下，同学们说出自己的心里话："这是我们最难忘的一次野营活动。"陈颖也悄悄地附在我的耳边说道："谢谢老师，是你让我树立了自信心，是你让我有了成功的体验，这是我终生难忘的一次快乐体验。"

在我们的周围存在着很多像陈颖这样的学生，他们敏感多疑，很容易受到伤害，同时又表现出自卑封闭的性格特征。更可怕的是他们当中有相当一部分人已明显表现出一定的心理障碍，如果不予以重视将很有可能发展成严重的心理疾病。这不仅影响这部分学生的身心健康，同时也会给社会带来一定隐患危机，这不仅仅是教育工作者的难题。作为成年人，作为教育者，我们要用什么样的心态去理解他们，用什么样的方式去教育影响他们，怎样帮助他们战胜自我，是值得我们思考的问题。

营地野外活动是在远离学校和课堂，远离城市、风景优美的自然环境中开展，使参与活动的青少年能够暂时放下学校的学习压力，远离城市的浮华和喧嚣。浏河营地拥有广阔的活动区域和迷人的自然景观，在这样一个拥有浓厚的乡村气息的大自然的怀抱中，学生的天性（爱玩、好动、率真、口无遮拦）得到了释放。案例中的男生的"铁拐李"就这样脱口而出，而陈颖看到同学玩得那样尽兴、那样融洽，也带动了她爱玩的天性，有了尝试一起活动的念头，于是才有了本文开头的那一幕。

浏河营地绝不仅仅是让学生游玩的地方，而是一个教育机构，承担着教育培养青少年的任务。这个任务的完成单靠野趣和玩耍不能解决的，而要坚持玩中有得，寓教于乐，既要有野趣活动的方式，更要有各项活动的教育内涵，要在活动设计和活动辅导过程中充分注意和发挥其教育功能，针对活动中发生的问题，及时予以指导、纠正和帮助。让那男生知道，如果讲话不注意分寸，语中带刺，甚至拿同学的生理缺陷当笑柄，就很容易给他们带来心理阴影。同时辅导员老师用细心、爱心和耐心去鼓励、帮助陈颖，激励她勇于面对困难。让身体健全的学生明白，心理健康比生理健康更重要，要尊重有生理缺陷的学生；让有生理缺陷的学生明白，心理残疾比生理残疾更可怕，要能够勇于面对现实，以正常人的心态融入到学校、社会中。

划船以小组为单位开展具体活动，活动"险象环生"使得学生在紧张的竞渡中，体验到成功所需要的镇定、沉着和与他人协作的重要性，也培养了学生的集体主义观念以及相互关爱和帮助的情感。学生用自己的亲身经历体会了"合作力量大"，如果不能很好地合作使再大的劲也没用，如果能够分工协作就会起到事半功倍的效果。与此同时，陈颖也在这次活动中体验到了做一名小领导的滋味，这也会对她自信心的建立大有裨益。

针对这类学生，营地创设一些简单易行、难易程度适宜的活动项目，积极鼓励他们勇于尝试，通过努力他们完全能够达到目的。每当活动中表现出色时我们就对其进行表扬，使他们再接再厉；出现失误时，对他们及时进行安慰，使他们不灰心。活动中发现他们有了微小的进步，及时给予肯定，让他们看到自己的希望，让他们及时体会到成功的乐趣，从而有信心做得更好。

在实施素质教育、注重学生人格培养和整体发展的今天，如何面对这个特殊的群体，对他们进行有效的帮助和教育的确是摆在广大教育工作者面前一个刻不容缓的课题。不幸也是人生教科书里的一章，它固然会带来很多损失，但我们也能从不幸中学会承担责任，学会生活的技能，学会关心照顾他人，变得成熟和坚强。这些都是未来人生道路上最宝贵的财富。

军事训练课程类

队 列 训 练

上海市少年儿童浏河活动营地　金维明

军训活动是浏河活动营地又一项特色教育活动，学生们在军训的实践活动中体会生活的五味，酸、甜、苦、辣、咸尽在其中，而这些体验是任何人都不可以替代他们来品尝的。他们在炎炎烈日下训练队列，在同学的鼓励和教官的指导下克服困难，获得进步，在集体中感受力量，也只有在这种丰富而真实的体验中，学生们才能真正地成长起来。8月中旬的某日，嘉定一中高一新生军训正在浏河营地如火如荼地进行着，高一（3）班的学生来到了训练地点，训练开始了。学生们早早就换上军装，看上去像一个个威武的战士。教官开始教他们站军姿：抬头挺胸，双腿紧靠，不能乱动。刚站了不到10分钟，学生们就腰酸腿软，满头大汗，叫苦连天。有的抓耳挠腮，有的绑鞋带，有的窃窃私语，队伍明显乱了。

面对这混乱的场面，教官适时地对学生们进行思想教育。"同学们，知道你们为什么要军训吗？"教官的话音刚落，就有几只手举了起来，有的说是为了锻炼身体，有的说是为了磨炼意志，教官对他们的答案表示赞同，并总结说："其实，军训一方面是为了锻炼身体，但最重要的是磨炼你们的意志，还要学会服从命令，遵守纪律，听从指挥。军人也是平凡的人，可他们有比平常人更强的意志力，这也是你们要学习的。"

听了教官的一席话，学生们都有所感触，经过短暂的休息之后，他们的腰挺得更直了，精神更抖擞了，训练更认真了。

高一（3）班有个小林同学，体形肥胖，平时走上一趟路，就累得气喘吁吁。但在前两天的军训时间里，他表现得非常顽强、刻苦，给所有的人留下了深刻的印象。

只要掌握了要领，"坐下起立"这个练习对大多数学生来说没有多大的难度。但对于小林来说却是不小的挑战。教官一声"坐下"，其他同学齐刷刷地坐下时，他却只能提着裤子做着准备动作。当他刚坐下时，教官"起立"的命令又响起了，他只得在屁股刚着地的时候艰难起立。在队伍中，他是那样特殊，与众不同，可他却没有因此而打退堂鼓，而是尽自己最大的努力按照教官的指令进行训练，向左转，向右转，稍息，立正，敬礼……每个动作都做得一丝不苟，任凭汗水肆意地湿透了军服。

在他身上，我们看到了军人的不屈不挠、顽强、不服输，同时我们也看到了新一代青年的风采。

虽然军训才进行了短短的两天，但通过这两天的实践体验，学生都有了不同程度的收获：有的知道了做任何事都要学习军人吃苦耐劳的精神；有的懂得了在集体中要有团队精神；有的领悟了没有规矩不成方圆，应该好好遵守纪律……

实践证明，军事训练已经成为对青少年进行"三热爱"教育、国防教育、艰苦奋斗教育、素质教育的重要阵地，对于培养青少年爱党、爱国、爱军、爱团、爱队的思想，对于青少年形成正确的行为规范，锻炼坚强的意志品质，训练良好的纪律作风，都起到了积极的推动作用。

魅 力 军 营

上海市少年儿童浏河活动营地　马炎

"8月12号是我们高一新生军训的日子，可是怎么这么快就将面临结束了呢！

刚开始军训的时候，总盼着时间能过得快一点，刚刚才集合的我们就在盼休息了；休息的时候，又盼着可以快点解散。可是现在，突然有些舍不得了。

短短的军训虽然即将结束，但是，这份经历、这份回忆，将永远藏在我的脑海深处。在军训期间所学到的种种，并不会因为军训的结束而被遗忘，我将继续保持着坚持不懈、不轻易言弃的精神，让它伴随着我成长。"

虽然他们平时都一副嘻嘻哈哈、没心没肺的样子；虽然他们总是抱怨学校为什么要搞军训，害他们大热天还在外面晒；虽然他们不时爱开教官玩笑，有时还和他作对，但是，军训真的给他们带来了很多，为他们的学生生活增添了绚丽的一笔，让他们学会了坚持和团结，也让他们和教官之间产生了浓厚的情谊。

现在的学生是生长在新世纪的一代，生活在和平年代，生活相对安逸，他们是幸福的，在温暖和无微不至的怀抱中，他们得到了严父的教诲和慈母的关爱。如今他们已踏入高中，有了独特的思维、完整的性格和较稳定的人生观，但此时的他们正缺乏一种对意志的考验，缺少一种磨砺、一种军事化的管理。他们这一代人更需要有一种坚毅的、百折不挠的品质。英国作家狄更斯说过："顽强的毅力可以征服世界上的任何一座高峰。"军训为学生们提供了一个很好的平台，为越来越多不谙人间疾苦的学生提供一个经受磨炼的机会，使他们能够在将来的生活中积极应对可能面临的艰苦环境。

军训的时间不是很长，但它却能给学生们带来心灵上的触动，让他们思考和反思自己的生活。让他们通过亲身经验懂得自制、自爱、自理和自强，而不需要靠父母扶着走。因为他们已经长大了，有必要也应该去经受风雨的洗礼。在实实在在的生活和学习中，认识自己，提高自己，完善自己。这样他们的路会愈走愈宽，眼前会展现出愈加壮美的未来，这样他们会充实，会感受到幸福。

人人都说军训是一种苦，但却是"苦口良药"。如果你能憋足气喝掉它，那么它对你的一生都将会有无尽的益处。每一次军训都是一笔财富，也许整个过程中充满了艰难与困苦，但是这样的经历却是为数不多的，应该倍加珍惜。

"人生路上甜苦和喜忧，愿与你分担所有，难免曾经跌倒和等候，要勇敢地抬头……"一首《阳光总在风雨后》更好地诠释了人生中困难带给学生们的意义。军训再苦再累，也都会过去，时光匆匆，停不住步伐，但因从生活中学会做人，学会坚强，才会让这短暂变得漫长，而漫长的是存于心中的经验。曾经的风风雨雨铸就了学生们刚毅坚强的性格，让他们面对以后的艰难困苦更加有信心。

荣誉责任

上海市少年儿童浏河活动营地　潘存红

军训，带给了来营学生许多的财富。在训练中，他们感受到了部队铁的纪律，他们往往要在大太阳下晒上一个多小时才能喝上一口水，在练习站姿的时候，汗水一滴滴地滑落下来，他们也不能擦。刚开始的时候大家都有些受不了，但大家都不服输，咬牙继续坚持。

军训培养了学生的责任感和使命感。一名男生曾经在日记中写道："当中国人民解放军仪仗队迈着整齐的步伐出现在我的视线中时，我的心里突然涌起无数的感动，泪水也不断地夺眶而出。因为我感受到了他们强烈的责任感和使命感。因为他们是用自己的行动在向世界宣告：中国站起来了！中国人民站起来了！中国人民是不可战胜的！他们正是用这种方式来报效祖国。我们是社会主义接班人，是祖国的未来，保卫祖国、建设祖国的重任就落在了我们的身上。因此，我们就更需要责任感和使命感！也许军训真的让我长大了，我开始明白许多东西。军训是我人生中一段美丽的回忆。"

当看到解放军的队列演示，他的眼泪夺眶而出，这种强烈的体验，是多少个报告多少次讲座都无法换来的。也只有这种强烈的体验才能使他从心底里渴望自己也能成为其中的一员，担起对国家对社会的责任。懂得勇于承担一份社会责任，说明他已经成长为一名小小男子汉了。

军人在这位学生心中成了人生的楷模，从军人身上他体会到了为国家而奋斗的一份责任感，从军人身上他感受到了坚韧不拔的精神和刚强的意志品质。他学会了该如何面对挫折，因为他知道在人生的道路上，挫折总是在所难免的，但是他相信自己可以经受住考验，驱除了娇气的他懂得了该如何热爱自己的生命。

尽管他刚步入高中生活，但他已清醒地意识到自己稚嫩的肩膀上所承受的责任。对个人而言目前最大的责任是搞好自己的学习，练就今后飞翔的翅膀；同时，确定自己的人生目标。对家庭而言，他将会更加理解和体谅父母，不会让父母在工作之余还为他不该犯的错误操心、焦虑。我想这是目前他对父母感恩和孝敬的最好的礼物。在学校，他也将努力做到最好，热爱班集体，自觉维护学校利益。在社会上，他会做一个有理想、有道德、有文化、有纪律的公民。这就是他作为一个青年学生应有和应尽的责任。

没有担当就不懂得责任，没有经历过就不会负责任。责任感是在体验中产生的，只有真实的体验，才能激发情感、强化意志。

农事实践课程类

搓　草　绳

上海市少年儿童浏河活动营地　潘存红

搓草绳对于农民来说是再简单不过的了，但对于学生们来说却并不容易。由于学生们是第一次搓草绳，所以兴趣很浓厚，个个都睁大眼睛仔细观看农民示范，有的学生没等看完就跃跃欲试了。看看农民搓草绳的时候好像是挺容易，但自己做起来却感到十分困难。看看农民搓的草绳，再看看自己搓的，真是天壤之别。人家搓得又好看，又结实，自己搓得不仅难看，而且容易散架。花了整整两个小时，才搓出了两三条短短的像样点的。"原来只要压住一端，搓另一端就行了呀！挺简单的嘛！"搓草绳之前曾经有个同学还这样说过，但真正尝试后才知道事情并非想象得那么简单。

搓草绳是一件不很难的劳作，但对于这些在家娇生惯养的孩子来讲，搓草绳这样的手工活简直比耕田种菜还要难。在活动中让学生了解草绳的用处和学习制作草绳的全过程，主要是提高学生的动手实践能力，培养学生吃苦耐劳、勇于探索、积极思维的精神。说不准，哪天需要用绳子的时候，手边又找不到绳子，他们就地取材能自己制作一根绳子了。

如果说成功的路上什么是最为重要的，那一定是毅力。通过此次活动，学生们深刻地体会到坚持不懈的重要。搓草绳，仅是学农中的一次平凡而普通的实践活动，但它却成为我们生活中一堂生动的教育课。

劳动管理

上海市少年儿童浏河活动营地　陈培明　夏青

本周，我带嘉定区某普通高中高二（3）班的学生参加学农劳动实践课。

学农劳动是上海"二期课改"高二年级学生的必修课，但学生对该课的学习目的性不明确，学习动力不足，对自己的要求相对较低，特别是在学农劳动的实践课上，更是马虎，草草了事，很难圆满完成教学任务。

学农劳动基地的老师在教学实践中，也深感困惑，面对抱着应付态度的学生，显得无计可施。

第一天的课，就是任务很重的种菜活动，我在活动之前作了简短的动员后就开始了分组活动，结果正如我所料，有部分学生任务没完成就想收工休息了。第一天课程结束后，我对全班同学进行了批评教育。

有了第一天的前车之鉴，第二天在活动前，我思考着怎么改进我的教学方法，以利于提高同学们的活动效果。昨天分组后，原以为学生有了分工，会自觉完成自己的任务，但少了管理和考核这一关，活动质量难以保证。于是，我决定今天由班干部一起参与管理。

劳动开始前，我把任务、分工和要求明确以后就说，今天我们请班长和我一起检查，考核各组的劳动情况，班长今天就不要拿劳动工具了，负责管理。

"哇……这么爽哦，我也要做班干部。"我话没说完，马上一个声音出来了。我循声而去，一个很活跃的高个学生笑嘻嘻地说着，同学们也看着我怎么办。

我正想叫劳动委员一起协助班长管理，突然冒出这个男生来，自然是将了我一军，我灵机一动，将计就计道："好呀，我本来就想请个男生一起管理呢，你也不用拿工具了。"

"哦……"同学们起哄道。

"不过……"我马上说道，"你负责今天劳动的技术指导、纪律和安全，任务完不成，质量不高，我都要找你。"

到了地里，我作过指导后对"班干部"说，你把我的要求给同学们再明确一下，同学们个个竖起了耳朵，怕漏听了"班干部"讲的。"班干部"把我的要求按着自己的意思复述了一遍，我一听还行，就对同学们说："接下来由新任'班干部'负责今天的劳动管理，哪个同学不听他的话，就是和我老师过不去。"我生怕同学们不服从他，所以给他"顶"了一下。

"班干部"按照昨天的分组，组织大家开始了整地劳动。

这是块低洼地，整地很累人，不一会儿，有女生就没劲了，我对"班干部"说："要不要帮帮女生啊？"

"班干部"只好替下了女生，拿起工具埋头干了起来，同学们又笑了。

没干多久，又有个同学在不远处大叫："领导，我的铁搭松脱了，快来帮我看看！"他只得放下手中的活过去帮忙装铁搭。这时，我看他们小组速度慢了，又故意对"班干部"说："你们小组进度慢了，是不是要加把劲？"于是他又准备替下自己小组的一名女生，刚才那位女生见他忙得像个陀螺，也不好意思继续叫他帮忙，就重新拿起自己的工具干了起来。就这样，他在这边帮忙翻几下地，还不时要帮助女生维修几下松动的铁搭。自己根本没闲着，同学们见状，也埋头干起自己的活来。

同学们的情绪被"班干部"带动了起来，这一天，他们不仅完成了劳动任务，而且质量也比昨天好了很多。

结束劳动之前，我又没让"班干部"闲着，让他替我整队，点评今天的劳动情况，同学们又笑呵呵地看着他支支吾吾说不出话来。

我说："同学们今天干得好不好？"

"好呀！""班干部"笑呵呵地说道。

我又问："是谁的功劳？"

他马上谦虚地说："是老师您辅导得好。"

我说："今天功劳最大的是你这个'班干部'，同学们干得好，同学们的积极性被你带动起来了。"

同学们都开心地笑了起来。接着我又表扬了几名同学，随后就收工回营去了。

走在回营的路上我想，今天这位被我指定的"班干部"真是发挥了不小的作用。

"班干部"不仅自己没少干，而且又把我的技术指导、纪律要求和质量检查等，通过他的传达、放大和强化，加深了同学们的印象。野外营地教师的活动辅导，除了课前的备课之外，在实施辅导的过程中要善于变通，营地教师在给学生讲解一些田间劳动技巧和知识时，学生会不以为然，觉得田间劳动太简单了，不值得一听，所以听讲的效果较差。让"班干部"给学生传达教师的技术和质量要求，指导学生动作，学生听讲的态度发生了转变，都想听听"班干部"漏讲了什么，变不想听为主动要听清楚，结果都集中思想听讲了。"班干部"讲解不到位，马上又会有学生出来补充，明显提高了讲解效果。

高中学生的学农劳动实践课，很简单也很劳累。要调动学生的积极性，仅靠纪律约束，效果不是很理想。学生毕竟还不是很成熟，总有一些小调皮的表现。因此教师在课前要设计一些方案，课中机智利用一些教学手段来提高学生的积极性，营造有利于教学的气氛。"班干部"第一个冒出来，一定是个活跃分子。抓住龙头就好办了，既要给他下好套，规定好要求，又要给他支持，"顶"他一下。巧妙地化解个别"活跃分子"，让他来参与管理，同学们自然就既想看他出丑，又在无形中接受他的管理。让"班干部"帮助女生干活，不仅照顾了女生，给女生有休息的时间，而且让"班干部"的劳动变得更"伟大"，更起劲了。营地教师在辅导中要积极地利用休息和劳作的关系，变消极的休息为人性化的调整，提高劳动效率。

高二学生都已成人，虽然还稍有不成熟之处，但只要积极引导，累人的田间学农实践活动，还是会变成快乐的舞台。

"班干部"的活跃，就是快乐的源泉，如果在第一时间批评了他，不会有错，但可能就压制了整班学生的情绪，整个下午的劳动就可能变得沉闷、消极、被动。我们不仅没批评他，还决定让他不用亲自劳动，而是参与管理。"班干部"如果不认真，敷衍了事，自己也下不了台了，责任意识让他成为了老师的好帮手。教师和"班干部"的关系融洽了，整个班级的气氛也上来了。最后让"班干部"点评，引出了教师对大家的表扬，学生们的哄笑声，就变成了发自内心的愉快的笑声。

由此我更觉得，野外营地教师在指导高中学生的学农实践课时，更因根据学生不同的生理、心理状况，运用各种有效手段，提高学生的学习积极性和主动性，激发、鼓励学生的进取精神、竞争精神和创造精神，使其思想行为朝着教师所期盼的方向发展，变教学管理为教学激励，激发学生学农的热情，帮助学生理解学农的目的，在简单、劳累的农事锻炼中找到活动的快乐，从而使教学收到事半功倍的效果。在"班干部"制造出"矛盾"的第一时间，教师不是用生硬的命令降低学生的活动热情，而是以宽容的态度和鼓励的方式，让他来负责管理班内的教学活动，使其和全班的潜在能力得到最大程度的发挥。当然，这种激励的教学方式，需要教师善于研究学生生理、心理特点，精心设计，积累激励的方法，以取得最佳的教学效果。

积极地调动学生的内驱力，及时地调整和转变一些辅导策略，让学生一起参与管理，变被动的教学为主动的实践，改变学农劳动课需要管理的教学思想，学农劳动实践课就成了愉快的野外体验活动。

生活技能课程类

"差 生" 不 差

上海市少年儿童浏河活动营地 金维明

"生活即教育"是著名教育家陶行知先生所倡导的，营地集体生活所注重的学会生活、学会自理、学会服务是生活教育的精髓。在开展的"阳光少年走进世博共享成长"嘉定区中学生 14 岁生日主题活动中，有一个很重要的内容就是让学生学会生活技能即整理内务，要求学生在寝室内自己铺床单、套被子、整理房间，学会最基本的技能。在营地教师、教官一起参与指导下，学生通过观看内务整理录像片，通过自己内务展示表演，取得了很好的效果。特别是那些在学校里学习成绩差、行为规范不好的所谓"差生"，在营地的生活自理中表现并不落后。

迎园中学 4 号小队就是一个很好的实例，这个小队共 8 名队员，都是由全年级 8 个班集中起来的"差生"组成的混合小队，来营地之前他们都与学校约法三章，写好保证书。

在一次"内务演示"（叠被比赛）中，迎园中学的这个"众所周知"的混班小队（老师眼中的"差生"）中参赛的两名队员仇晓凡和项李超上台比赛。只见他俩一个拽住被套角，一个拉平被套，一条被子很快套好。一个叠被，一个套枕套，动作娴熟，配合默契，时间短，效果好。虽然最后他们没有获胜，但他们的表现令我刮目相看，他们的行为让我改变了看法：这些学生并不是无药可救，他们身上有的是闪光点。在营地活动中他们的行为规范都挺好，并没有所谓的坏学生的蛮横，有兴趣就玩，且自觉按顺序排队等候，不想玩就静静地待在一旁，不闹事不添乱。他们的表现出乎大家的意料，让营地的教师都改变了对他们的看法，赞许他们的进步，原来这些学生也有很强的集体荣誉感。营地的"规范"和"纪律"对他们有了触动，对他们起到了很好的教育作用。

作为家中的独生子女，多数学生更加习惯"天下唯我独尊"的思维方式，我想做什么就做什么，想怎么做就怎么做，这样的学生往往不能理解所谓的"规范"和"纪律"的意义所在，所以也不可能按照规范和纪律行事。对他们来说，纪律只会束缚人们的行动自由。在这种情况下，如果一味地向学生灌输遵守纪律的重要性，或者单纯地使用惩罚的手段，其结果或者只会在短期内有效果，不可能让学生心服口服，或者是使学生具有更强烈的抵触情绪。相比之下，只有先尊重他们，和他们成为朋友，让学生真真实实地感受到纪律的重要性，他们才会真正从心底里愿意遵守各种规章制度。

第二节　青少年野外活动教育的成长个案

体验成长，感受成功

上海市实验学校　张芝芝

2003 年 10 月 17 日，我们上海市实验学校五年级学生在老师的带领下，怀着愉悦的心情来到盼望已久的浏河营地，进行为期三天的考察活动。

在这里，同学们必须一改以往衣来伸手饭来张口的习惯，克服惰性，感受生活。而说到在三天的活动中给人留下深刻印象的明星人物，非我张芝芝莫属。

第一天的"荡索过河"，是上海市实验学校来营考察的保留节目。只见有一条小河，河里的水有齐胸深，小河中有一个铁柱架，成"门"形，一根粗绳系在上面，荡在小河中。在营地老师耐心、细致的讲解示范后，我们先在岸上平地试荡，然后进行实地荡索。只见同学们都已经排起了长长的队伍，排在前面的同学也都已经一个个通过了，还有的同学来了一个让人胆战心惊的蜻蜓点水。马上就要轮到我了，我的心跳当然也就随着一个个同学的离开开始加快了，当时，我还犹豫不决，可对岸的小伙伴们都对我说："张芝芝，不要怕，勇敢些……张芝芝，你行的。"此时，我感到我们是一个整体，不能掉队，不能因为自己的胆怯给班集体抹黑，于是，我鼓足勇气抓紧了绳子心想，我能成功吗？我能成功吗？可还没等我想完，随着"一、二、三，起！"我已经"飞"向对岸，此时，我的心快到喉咙口了，觉得自己好像腾云驾雾，在空中飘呀飘，又过了一会儿，我发觉自己突然下沉，一紧张，就忘了"一抓、二收、三放"的要领，在离对岸几厘米的地方英勇落水，成了我班第一个落水者，弄得很狼狈，但看到同学们不但没有嘲笑反而给了我热烈的掌声，我受到极大的鼓舞，信心倍增，要求老师给我第二次荡索过河的机会。这次，我双手紧紧地抓住绳子，眼睛紧紧地闭住，屏住呼吸，按照辅导员说的把脚抬得高高的，向对岸荡去。同学们的加油声离我越来越近了，我的速度也渐渐地慢了下来，我觉得快抓不住了，但我对自己说："要抓住，要坚持住，坚持就是胜利。"一会儿，我只觉得身子不动了，才慢慢放下脚，睁开眼睛一看，我到岸了。"哦，我终于成功啦！"我激动地欢呼着，同学们都对我竖起大拇指。我兴奋得一蹦三尺高。

失败是成功之母，这是无数前人在实践中早已证实了的哲理。然而，实践也告诉我们，并不是所有的人都能从失败的"泥沼里"爬出来，抖去"尘土"，鼓足勇气，为创造成功去不懈奋斗。我之所以成功，是营地辅导员老师坚持动之以情、晓之以理的辅导方法，是实验学校老师和同学对我不断的鼓励，使我鼓足了勇气，树立了自信心，使我能尝到活动的乐趣，体会到成功的快乐。

紧接着，在"木筏漂流"中，又因"人高马大"，还没站稳，另一女生诸斯雯就拉动绳子，结果"扑通"一声我又掉下了河，耳边传来其他同学大喊"爬上船，爬上船"，我心知肚明，我要是爬上船的话，另一个女生就"死"定了！所以不管她会不会游泳，身怀游泳绝技的我就拼命往岸上游，在1班2班那么多同学的大叫声下不慌不忙地救了自己的命。当时同学们都不明白为什么我会这样做。晚上的联欢会上，我说出了落水时的心声，人群中立刻传来阵阵欢呼声、掌声，两次落水的我已经成为热门人物。在那个欢乐的夜晚，我在舞台上落泪了，在场的老师和同学也都感动得纷纷落泪，落水时有很多幸灾乐祸的同学，这时也羞愧得低下了头。我刚来到实验学校这个大家庭不久，一切都是那么的不适应，想念以前的同学，怀念以前的学习、生活，我是一个孤僻又不自信的转学生，营地丰富多彩的集体活动正是磨炼的好场所，是培养合群、合作、合融精神的天然场所。在这段时间里，我发现学校的老师、同学是那么可爱，那么热情！我深深体会到了同学之间的互相理解和友爱互助。

浏河营地为我们构建了"自主、自理、实践、创新"的平台，使我们在精彩纷呈的活动中锤炼勇气、培养毅力、张扬个性；在精彩纷呈的活动中塑造自我、超越自我、完善自我。营地是学生练智练胆的新天地，是学生展现真我风采的大舞台。如今的我一改儿时的胆怯、懦弱、自卑，已是一名活泼、开朗、自信的的高三学生了，面对即将到来的高考我充满自信。

虽然浏河之行已成过去，但我相信这次活动将会成为我和所有同学无法抹去的回忆。当我们再次翻开相册时，浏河营歌一定会再次萦绕耳际。

播种习惯，收获能力

上海市嘉定二中　孙鸣

忆起浏河营地，心里突然生出一种对过往的怀念。生长在嘉定的我，小学、初中去过浏河，高中也去过浏河，有课外实践、14岁生日、军训以及学农，每一段特殊的日子都能留下别样的回忆。学农作为高二生活中意义非凡的实践活动，自然让人感触颇深。

起初，要离开各自的父母在营地过几天食宿在一起的集体生活，心里总会有一种说不出的兴奋。然而当集体生活真的开始时，我们这些"肩不能挑，手不能提"的"公子哥儿"和"娇小姐"，都有些束手束脚了，被子怎么叠，衣服怎么洗，怎样安排自己的业余时间等，都成了问题。怎么办？商量！于是，一个寝室成了一个家，寝室的卫生工作、整理床铺、摆放生活用品，这些平日里都由父母代劳的事情大家都互相帮着做，同时，每个人还都承担起了打扫寝室的工作。从起初的措手不及、忙乱慌张到学会从容镇定，再到熟练娴熟，我们经历了一个什么都要自己学着做的过程。那些依偎在父母翅膀下的小鹰这一刻都学会了离开父母独立生活，尝试着在蓝天下展翅翱翔了。

学农教育是我高中生活的一个重要组成部分，它是我的第二课堂。在这样一个独立的生活环境，在寝室内务、集体生活中亲身实践，动手动脑，手脑并举，使我在学校学到的理论知识通过营地的实践活动得到体验、加深和提高，尤其对提高我们的自主自理能力是有很大的帮助。在这里，同学们互相关心团结协作，团结友爱之情深深地融汇在这个集体之中。

整整五天的劳动学习，带给我们另一种收获——那是在课堂上无法体验到的收获。

大自然是返璞归真的教科书，是陶冶情操、净化灵魂、使我们走向质朴的神圣殿堂。社会、大自然是一本无字天书，我们置身其中开阔了眼界，增长了见识，懂得了许多做人的道理，培养了良好的行为习惯。

首先，习劳知感恩。平时，我们习惯衣来伸手，饭来张口，常常不会理解父母的治家之难。"不当家不知柴米贵"，常常埋怨父母这个菜烧得不好吃，那个汤调得不鲜美，有时饭菜准备晚了还耍脾气。没有经过自己的劳动而得到的东西，我们往往不知珍惜，因为"得来全不费工夫"。可是当我们野炊时，自己学着炒菜、洗锅碗、生火、做饭……我们从中体会到辛劳，就会珍惜别人的劳动，感谢别人的付出，知道感恩。

欢乐劳累的学农经历是一笔宝贵的财富，它让我学会珍惜，懂得感恩。有了感恩之心，在家能自觉分担家务，主动地做一些诸如倒垃圾、洗锅碗、拖地板、洗自己的小件衣物等家务事，并且，每天早上坚持自己准备早饭，更多地谅解父母，感到父母挑起这个"家"不易。在外能常常站在他人的立场上考虑问题，主动帮忙，善于与人交流沟通，能和谐各种关系。劳动使我身心愉悦，人格更健全。

其次，劳动能培养各方面的能力。要学会劳动，需要细心观察，掌握做事程序。劳动能培养我们的专注力、观察力和判断力。具体操作中，要动作协调，费力流汗，还要忍受挫折，学会解决问题，全面地考虑问题，这些都能培养我们的办事能力、责任心、意志力和创造能力。

置身于大自然的怀抱，呼吸着清新自然的田园气息，一周的学农生活犹如一幅幅画卷展开。挖红薯——男生用铁锹在田地里如排雷一般悉心寻找目标，女生则在一旁目不转睛，生怕有"漏网之薯"，此起彼伏的欢呼叫喊声饱含着发现与收获的喜悦。草编——扔下笨重的农具，静坐屋檐之下，体验这古老手艺的传世美感，也享受着动手的乐趣。翻土——我们洒下了青春的汗水，留下了矫健的身影，我们的风采为每一个人所见证。锄草、种菜、采摘、清理大棚、制作、搓草绳、锄草、农村农业参观……我们劳动着，快乐着，耕耘着，收获着，锻炼着，成长着。可以说，在学农基地的这几天，我们感悟到了太多太多：从基地的花草中，感悟到生命的坚强；在寝室里手忙脚乱的时候，感悟到平日里父母的不易；在地里采摘和铲草劳作的时候，感悟到劳动的艰辛；在野外烧烤的时候，感悟到团结的力量、师生的情谊；在同学间互帮互助的时候，感悟到真挚的友情……这些感悟，无论对于学生还是老师来说，都让这次学农生活更加璀璨，成为了最美好的回忆。

耕耘快乐，收获成长。离开了浏河，带回了弥足珍贵的回忆。学农带给我的不仅仅是辛苦、幸福、感动，它还让我在今后的道路上学会了坚强、坚韧、坚持。在如今的学习上我们往往缺少的是这些。我想这已不是一次单纯的课外实践了，而是一种提升自身综合能力和素质的机会，如今我已临近高考，在不久的将来我会迈向社会，踏上工作岗位。然而我相信，不管走到哪里，学农给我带来的精神收益就像一把万能钥匙，帮助我开启一扇扇大门！

河畔营地，心中向往

上海市嘉定区第二高级中学　翟玉洁

有一个地方，亲切而熟悉，记忆中，那似乎是一个从来就有的地方、从来就陪伴着我成长的地方，那个地方，我习惯于叫它——营地。印象中，营地应该是在我刚入小学时成立的，从那时起我便与心中的那片乐土结下了不解之缘。

闭上眼，记忆的思绪拉回到了孩提时代。蓝天白云，绿树成荫，河水潺潺，鸟语花香。美妙大自然中，传来孩子们的欢声笑语，时而呐喊，时而欢呼，那就是明媚阳光下，孩子们在营地活动时的场景。

去过营地的人应该都知道，"荡索过河"是一个非常经典且让人印象深刻的营地传统活动项目了。只记得那高高的绳索架在一处小溪的中央，周围都是高高的树木，小溪的两岸是有落差的，人站在高的那一侧，抓住绳索，双脚离地便随着绳索荡到了小溪的对岸，也许，那就是泰山抓住藤蔓穿越高山峡谷的简化版吧。胆小的我，自然是不敢轻易尝试的。

　　在爸爸多次示范后，在那些哥哥姐姐都顺利完成并发出阵阵欢呼后，我终于也鼓起勇气，在爸爸的帮助下，跨出了"勇敢者"的第一步，一旦双脚离开安稳的地面，瞬间就可以完成这个"勇敢者"的项目。

　　这只是记忆深处的一个片段，看起来似乎微不足道，但我想，那件事对我是有莫大鼓舞的。我明白了，原来很多看起来艰难而貌似不可能做到的事情，在掌握正确的技巧后，只是需要多一些勇气，勇敢地迈出第一步，就会离胜利越来越近。尝试了第一次的"荡索过河"后，小小的我体会到了成就感，便陆续尝试了营地上其他各类看起来很难但又很有趣的项目，不再畏惧。我想，正是这一次次的尝试，在潜移默化地影响着我，激发起我的勇气，使我变得自信，更让我正确地看待那些困难，并以理性的方式去战胜它。

　　记忆的匣子一打开，就关不上了。回想起来，营地真的给我带来了许多乐趣，使我改变了很多，也得到了很多。从小学到初中，再到高中，每一个阶段，都会有学校组织的一些课外教育是在营地进行，军训、学农等学校统一的课外必修科目也都是在营地完成的，和同学们一起住在这里，在严格的军事训练中，在艰苦的田间劳动中，我们学习自理、自立，我们懂得了纪律的重要，明白了粮食的来之不易，也体会到了付出终有收获的快乐。

　　那些日子真的是单纯而美好，虽然军训学农都是在炎热的暑期进行，我们一个个汗流浃背，晒得黝黑，但训练抑或劳动，却真的让我们学到了课堂上学习不到的知识，感受到了人与人之间真挚的情感。我们互相帮助，互相关心，每天生活在一起，学着洗衣，学着整理宿舍，学着走出父母的庇护，与同龄的朋友携手并进。

　　一个人一天天长大，必须要学会自理自立，要学会真诚地与人相处，要明白一份耕耘一份收获，这，是我们成长的基石，是我们立足社会的基础。

　　美妙的片段，实在太多，无法凝结在文中的，那就让它留在心中，一直伴随着我的成长吧！

回归自然，体验快乐

上海市曹杨二中　吴纯一

平时在学校学习的压力很大，回家后的作业和复习经常忙不过来，所以我们都很喜欢出外郊游的集体活动。2009 年我们班去浏河营地参加野外营地活动真是令人难忘。记得那天我们在学校集中后一起乘校车前往位于嘉定区的青少年活动基地浏河营地。在车上我们一直唱着歌，有说有笑，简直把巴士当成了活动剧场。到了浏河营地有一种世外桃源的感觉，花红柳绿、鸟儿欢鸣、草长莺飞的春天气息扑面而来，于是不禁想象，如果朱自清置身于上海的春天，或许《春》的姊妹篇有一种不一样的味道吧。

一开始的活动是体验农趣。我们在营地老师的带领下首先来到了一个浅浅的池塘边，老师说可以想出各种方法捕捉泥鳅和鱼，看谁抓得又多又快，而且还要保证安全。营地老师首先示范发现泥鳅和捕捉它的技巧，随后我们个个迫不及待，把随身带的小背包扔到一旁，脱了鞋子就下池塘了。嘀，这可是我们第一次体验农村的孩子常常享受到的快乐，特别是那些女生也不甘落后，争先恐后地开始下水作业。我把裤脚往上卷防止裤子弄湿，随即来了个助跑跳了下去。水面溅起了一朵朵浪花喷在我的脸上还有同学的衣服上，仿佛要打一场水战的感觉，劳动的场面顿时热闹和壮观起来。

我们在池塘里来回搜寻着，还有一部分同学志愿回到岸上当侦察员发布情报。忽然我看到了一只很大的泥鳅，赶紧叫身旁的"菜包"同学不要乱动，不然会把它给吓跑，我俯下身子用双手小心翼翼地捞起泥鳅，哇！它的身子好滑啊，像搽了油一样。"抓住啦，抓住了！"我大叫一声，吸引了全班人，不一会儿好多同学都围过来欣赏战利品，还啧啧称赞道："就你能抓到，I 服了 you 啊！"我高兴极了，把它小心翼翼地装在瓶子里，生怕它会逃跑，这可是我的劳动成果啊。

接下来营地老师给我们安排一个军事实践项目"跳跳床"。营地老师给我们讲解了动作要领，还做了精彩的示范，随后，我们便开心地跳着蹦来蹦去，它能使我们可以跳得很高，真是有展翅欲飞的感觉，仿佛我们都成了超人了！有几个女生还即兴加进了花样跳绳，真是别有一番韵味！班上几个会跳街舞的同学还秀起了他们的绝活翻跟斗，仿佛看到了少林小子的风采，其他同学情不自禁地唱起了"我想飞得更高"的流行曲助兴。

这就是我最难忘的一次野外营地活动,忘不了那次同学们开心的笑声、尽情的舞姿,更忘不了同学们情同手足的友谊!

回忆学农,受益无穷

上海市嘉定区农业技术推广服务中心 徐兰

20 年前我就读于嘉定区娄塘中学,三年的高中生活很多事情已经在我的记忆里渐渐远去、渐渐淡忘,然而在高二时只有一周的学农生活我依然清晰地记得,仿佛就在昨天刚刚发生,也可以说这一周的学农生活或多或少地影响到了我之后人生道路的选择。1991 年高考我选择了上海农学院植物科学系,毕业分配到嘉定区农业技术推广服务中心工作,一直到现在,学农爱农的思想深深地扎根在我的心里。我选择了农业,并不完全是因为这次学农活动,但不可否认的是,这一段经历确实对我有着不小的影响。

我虽然从小在农村长大,但由于爸妈的宠爱,从来没有干过农活。直到高二,学校安排一周的学农劳动,我才真正地当了一回农民,第一次深刻地体会到农民的辛苦。回忆那段学农的日子,同学们流露出许多真诚的话语,大家都表示,学农的日子特别有意义,很难说清我们得到了什么,但是心灵上的确受到了触动!如今 20 年过去了,重拾这段记忆,回想当时一幕幕难忘的场景,带给我的感悟确实远远胜过当时!

那是 1989 年的秋天,我和老师同学们来到嘉定区浏河营地,开始了一周的学农劳动。第一次走入学农基地,而且第一次离开父母住宿在营地,心中充满了兴奋与好奇。整整 5 天,我们认真参加了农业劳动,经受了艰苦的磨炼。我们主要的任务是割稻、捆稻、搬稻,这些工作对于我们出生在农村的孩子来说很熟悉,可是这一次我真正体会到了种田的农活看似简单,真正自己动手去做的时候就不是那么容易了。第一次下田,第一次拿起镰刀,我却傻了,工具在我手里怎么也不听使唤,割一把稻穗要那么的费劲。绝大多数同学从未干过这样的活,也从未吃过这样的苦,即使农村同学,也基本如此。不少同学起初只将下乡作为生活的调节,有的是兴奋和新鲜感,认为干干农活也没什么大不了的,但第一个半天下来,搬稻的同学已是腰酸背疼,走起路来也一瘸一拐；割稻的同学手上起了血泡，不少同学都把手割伤了。第一天收工回来大家都累得一头倒在床上不想起来，有的甚至在偷偷抹眼泪。但是值得欣慰的是我们中间没有逃兵，没有怨言，有的是干劲和热情。有的同学双手是泡，贴上了胶布坚持干；有的同学身体虚弱，吃着药依然坚持出工。正是这样，我们才体会到了终年劳作的农民是何等辛劳！学农之初，怀着新奇感，但逐渐产生了由繁重的体力劳动所带来的疲劳感和枯燥感，静下心伴随而来的是更多的感慨和感悟。我们在学农中不仅体验了农活，更重要的是感受到了农民的吃苦耐劳，学到了比农活更重要的东西。只有体验了劳动的辛苦和劳累，才能感受到在挥汗之后的满足与快乐，在艰苦中体验着欢愉，在付出中体验着收获。这段学农的经历，确实对我决定将来从事农业工作奠定了一定的基础，那种艰辛在我的记忆中永远是最深刻的。

　　这一次的学农，不仅锻炼了我的吃苦能力，还大大地锻炼了我的生活能力。和很多同学一样，我从未有过集体生活的经历，生活自理能力不强，平时在家都是妈妈一手包揽，因此，面临的第一道难关是生活关。在父母身边什么事情都已安排妥当，而当要自己照顾自己的时候我开始显得茫然不知所措，一切都乱糟糟的，不知如何是好，但大家毫无怨言，乐在其中。每天劳动后，换下的衣服自己动手洗，每天起床被子叠得方方正正，熄灯后不再讲话，严格接受军事化制度管理。这次学农使我学到了许多生活知识，懂得了在集体生活中如何尊重和谦让别人，磨炼了自己的吃苦意志，增强了克服困难的能力，也渐渐养成了一些良好的生活习惯，这是我终生受用的一笔宝贵财富。如今自己已为人母，我会有意识地培养女儿的生活自理能力，因为我知道培养孩子在艰苦环境中的适应能力和生活能力是非常重要的。

　　这一次学农，还有一个特别深的感受一直影响着我，那就是团队的精神。直到现在，我依然认为没有完美的个人，只有完美的团队。越是艰苦的环境越是能激发你如何更加懂得去帮助他人关心他人。短短 5 天的学农生活，大大增进了同学之间的友谊，增强了集体的凝聚力。当我累得想放弃的时候，同学一句关心的话语，或是一个安慰的眼神，都会让我深深地感到集体的温暖和无穷的力量，也让我深深地体会到亲如一家的深情。

　　学农活动接近尾声的时候，我们没有觉得高兴和解脱，反而觉得依依不舍，不舍告别我们的农田，不舍告别与我们共同劳动、生活的教官，营地留下了我们辛勤的汗水、劳动的成果、真心的欢笑，还有我们美好的回忆。

　　如今，现代农业飞速发展，早已和 20 年前的农业发生了翻天覆地的变化，也相信现在的学农生活肯定和我们以前的不一样了，但是我想，变的只是形式和内容，不变的永远是那种精神。直到今天，总有这样一幅画面清晰地印在我的脑海，那就是我们在每天收工回来的路上，整齐地排着队伍，一个个红扑扑的笑脸，高声齐唱《打靶归来》《团结就是力量》。今天，高亢嘹亮的歌声依然萦绕在我的耳边，带给我的不仅仅是感动和温暖，还有一种坚定的力量……

第七章 汇聚青少年野外活动教育创新的声音

"三趣"活动的卓越实践演绎真正素质教育的精彩

上海市嘉定区教育局局长　毛长红

著名作家王宏甲先生把我国当前正在不断深入开展的教育改革称之为"有史以来第三次重大教育转型"。所著力作《中国新教育风暴》响亮地发出了"解放学生，解放教师，解放家长"的强烈呼吁，寄托着"莫误青草，莫误家国，教育风暴呼吁"的诚挚期望，告诉人们，新教育风暴已经掀起，必将荡涤陈旧落后，唤起开始创新，给我国教育的春天以清澈的洗礼！

教育的春天必将催发教育新事物的嫩芽，上海市少年儿童浏河活动营地的"三趣"体验便是生机勃勃的嫩芽丛中昂首挺立的一棵。体验教育是教育，但不是那种教师讲、学生听的"填鸭式"全过程的实践认识活动。体验教育充分体现了受教育者自主参与，"感知、升华、内化及至实现外化"的全过程，它充分体现了受教育者在教育过程中的主体地位，遵循人的认知规律性。它是对旧教育的革新，是当代新教育的产物。

上海市少年儿童浏河活动营地把体验教育的思想引入校外教育领域，并赋予了"野趣、农趣、志趣"的内涵，引导少年儿童在乐趣中求体验，在体验中求乐趣，实现了有"趣"而有"学"，有"学"而有"优"，人"优"而有"乐"，以"趣"引"学"，"乐"在其中的境界，这是对体验教育的创新和发展，也是它之所长，特色之体验。

上海市少年儿童浏河活动营地置身于茂密的树林、纵横的川陌、绿色的果园、朴实的农户之中，其周边还有郑和纪念馆、夫子庙等历史文化遗址，光学机械研究所、科学仪器厂等科学研究重地，部队营地、国防学校等军事设施，蓬勃崛起的上海国际汽车城、F1 国际赛车场等现代化人文景观，如此一切都是开展丰富多彩的野外实践活动的良好环境。营地以"自主、实践、创新"为办营宗旨，充分利用自然的、人文的教育资源，站在促进人的全面发展的高度，有目的、有计划地设计富有"野趣、农趣、志趣"的实践活动，把趣味性和教育性结合了起来，实践和认识结合了起来，知和行结合了起来。

"三趣"体验教育作为上海市少年儿童浏河活动营地的研究和实践课题，遵循教育科学研究的基本原则，运用教育科学研究的基本方法，坚持以教育理论为支撑，以教育实践为基点，用理论指导实践，在实践中升华和发展理论，这是"三趣"体验教育取得丰硕成果的一个重要因素。捧起这本书稿，深感沉甸甸的有分量：现论阐述宽广而深刻，实践总结丰厚而精细。我为它的诞生感到由衷兴奋，感慨之情油然而生，虽然仅仅是一个校外教育机构，但也显现出了"第三次重大教育转型"的足迹，"中国新教育风暴"的影响之面是如此广大而深远！

"野趣、农趣、志趣"是多么引人入胜的字眼！如果我们的教育尤其是少年儿童的教育，每一项教育活动都能以"趣"引入，那"学"何"苦"之有？我们的少年儿童必须从沉重的"负担"之中解放出来，必将在快乐之中健康成长。

浏河营地野外活动教育焕发着生命的活力

上海市教育科学研究院　胡庆芳

青少年野外营地活动教育是学校正规教育的有益补充。如果说正规的学校教育是以知识及知识运用能力的培养，以及情感、态度与价值观的规定性培养为主，那么青少年野外营地活动教育则是注重在真实的自然环境、轻松的心理环境和开放的社会环境中培养学生的审美情趣、合作精神、与人交往及相处能力、生活自理能力、热爱劳动的习惯、体魄与意志的磨炼以及与自然和谐相处的意识等。

本课题研究内容的定位体现在三个方面。（1）清晰认识青少年野外营地活动教育与学校教育之间的差异性，如功能侧重、运行机制、实施方法；（2）积极探索青少年野外营地活动教育与学校教育良好对接的形式，如校内教育内容在野外营地活动教育中自然延伸，学校教育内容本身包括野外营地活动教育在内；（3）系统建设野外营地活动教育的内容，如活动课程化、内容微型化、主体选择权、评价档案袋。

本课题研究的思路与方法主要有三个方面。（1）文献研究加实践反思形成课题组基于专题的理性认识，如野外营地活动教育的功能、形态、与学校教育有机衔接的途径；（2）实践探索加叙事研究形成课题组基于专题的鲜活案例，如野趣、农趣、志趣；（3）活动设计加实践完善形成课题组围绕专题的活动课程，如军事训练课程、农事实践课程、野外探险课程、自然探秘课程、生活技能课程、自然审美课程。

在应试教育颇具市场和学生学习压力明显突出的现阶段，浏河营地富有战略性地提出要在野外活动教育与在校课堂学习之间找到有效接口的前瞻性课题，对于促进素质教育的贯彻落实和开拓浏河营地更广阔的发展空间都具有十分重要的理论意义与实践价值。思路决定出路，尝试把校外教育作为素质教育的突破口，努力促进校内外教育的相辅相成和良性互动不失为一种教育的大智慧。

我们深爱浏河营地的每一朵鲜花和每一株绿草

上海市第一师范附属小学教导主任　张雅珉

浏河营地每年会根据时代的变化不断地推出一系列的活动项目，深受小朋友的欢迎。上海市第一师范附属小学和浏河营地长期合作，学校将一批批学生送到营地，开展一系列的快乐的活动，收到了很好的效益。可以说一师附小的师生和浏河营地是在这么多年的合作中，共同成长、共同收获，是一项双赢的活动！

营地的社会实践活动让孩子快乐成长

上海市嘉定区第一中学副书记　陆其华

军训、劳动——学生成长教育的重要起点。毫无疑问，组织学生参加军训、劳动等社会实践已经成为我校德育工作的重要组成部分，为学生成长教育发挥了课堂教育不可替代的作用。几年来，浏河营地不断探索营地活动与学校教育的有机衔接，不断完善营地的教育功能，创新营地的教育方法和途径，形成了以"三趣"为特色，以军训为龙头，以丰富多彩的学农劳动为阵地的教育模式，在锻造学生精神，培养学生作风，提高学生能力等方面为我校学生三年的高中学习生活奠定了基础，为学生生命成长提供了动力。

组织开展社会实践活动是我校教育改革的重要内容之一，每年我校都在营地结合军训组织高一学生进行始业教育，组织高二学生参加营地学农劳动，开展课题研究。为充分发挥社会实践的育人功能，我校与营地建立了合作、补充、协同的密切关系，确保了社会实践活动有序、有效开展。从活动的整体设计，营、校联系协调，组织安排，动员培训，过程管理等明确责任，精心谋划，协同作战。

随着社会的发展，学生再也不是两耳不闻窗外事的单纯书生了，为了不断提高学生社会实践能力，使他们更好地融于未来社会，主动寻求与社会接触的机会，品尝书本里无法获得的辛苦和快乐，营地努力为学生创设了这种教育环境。实践项目设置围绕素质教育的要求，为不同学校、年级的学生提供适合其年龄特征的实践机会和项目，注重对实践项目不断更新改造，使其不断提高科技含量和实践层次，以兴趣培养、体验实践、参与性强、丰富多样性为原则。

营地的军训和学农劳动，提高了学生认识，深化了学生情感，磨炼了学生意志，更主要的是训练和规范了学生良好行为，做到"知行合一"。在营地，学生所受到的教育，是促使学生提高综合素质，形成坚定信念的"催化剂"，是促使"知行合一"的中介和关键，使学生深深地领悟到"社会实践不是一种形式，是一种综合素质、精神状态的获得"，这是在课堂教育中无法得到的宝贵财富，是学生生命成长过程中难以忘怀的宝贵经历。

营地成功体验活动让学生收获快乐无数

上海市杨浦区休养旅行社学生部副经理　曹玉佩

现代教育是一种开放的教育，它与传统封闭式的学校教育有着很大的不同。

浏河营地以"实践第一，实践育人"的教育理念为指导，从学生实际出发，充分挖掘各种教育资源，组织各种丰富多彩的实践活动，让学生在实践中体验，在体验中认知，通过自身的参与，把内在的自信、勇敢、团结、协作等一些良好的意志品质充分挖掘，从而掌握技能，提高素质。实践活动是促进少年儿童身心健康发展的一个广阔的新课堂，更是他们在实践中学习、锻炼、成长的一个有效途径。

在浏河营地，我们组织了杨浦区五年级学生以"我能行"为主题的成功体验实践活动，目的就是让学生通过参与各项活动体会到成功是在不断战胜自我、挑战自我、不怕困难、勇敢面对的过程中逐步取得的。

在这次"我能行"主题教育实践活动中，学生们不仅充分挖掘了自己的潜力，取得了更大的进步，同时还学会了在生活中自立、自理、自强，在活动中互相合作，团结进取，在体验中探索成功的"奥秘"，培养了勇于挑战，增强信心与勇气的良好意志品质，也为自己今后确立新目标、迎接新挑战，做好了充分的准备。

浏河营地的实践活动为课堂内无法完成的教育内涵给予了有效的补充，更让所有入营的学生都感到这将成为他们终生难忘的一段美好时光。

浏河营地野外活动教育旨在让教育返璞归真

上海市少年儿童浏河活动营地主任　顾建国

在文化和科技迅猛发展的当今，少年儿童教育作为一项功在千秋万代的基础事业，如何体现其包含的"时代精神"和"未来性"，已成为极具价值的探索方向与潮流。1987年5月，上海市妇联、嘉定区人民政府等共同创建的上海市少年浏河活动营地，为少年儿童提供既具有自然属性又颇具人文精神的野外活动营地，让学生在走进自然、走进社会中获得健康且极富个性和创造精神的发展，这一富有前瞻性的探索和实践，鲜明地渗透了当代教育的先进理念，具有强烈的时代精神。

毫无疑义，野外活动营地作为校外教育的一个组成部分，它具有独特的教育功能，对于配合学校实施素质教育具有重要作用。它以社会为依托，以自然、人文资源为教育内容，以丰富多彩的活动为教育载体，通过自主自理的管理模式，使学生在广阔的空间里吸取知识，增长才干，经受磨炼，促进整体素质的有效培养。

上海市少年儿童浏河营地自 1987 年 5 月创建以来，以其规范化的管理，"三全"（面向全社会、面向全体儿童、全员都是德育工作者）和"二优"（优质辅导、优质服务）的办营思想，自主、自理、实践、创新的办营宗旨，充分发挥了野外活动营地的教育功能，接待了 50 多万名少年儿童，取得了丰硕的教育效益和社会效益。

校外教育作为学校教育的延伸和补充，其教育空间大、机制灵活，在培养学生良好心理品质上具有得天独厚的优势。站在注重人全面发展的素质教育的高度，我们认识到，浏河营地绝不仅是为青少年提供娱乐之地，而是一个教育机构，承担着教育培养青少年的任务，必须坚持玩中有得，寓教于乐，既要有野趣活动的方式，更要有各项活动的教育内涵，要在活动设计和活动辅导过程中充分注意和发挥其教育功能，包括培养青少年良好心理品质的教育功能。

例如，"勇敢者道路""荡索过河""冲破封锁线"以及"毅园"内的各项活动项目，旨在培养青少年顽强的意志和坚强的自信心；"钓鱼""摘果子"等活动旨在培养青少年沉着、耐心、细致的心理品质；"划船""野炊"等活动旨在培养青少年集体主义观念以及相互关爱和帮助的情感；青少年独立生活环境的创设以及洗衣、清洁、住宿等活动，旨在培养青少年自主自理的能力。这些活动，可以让青少年获得成功或失败的体验，从正反两个方面促进良好心理品质的形成和发展。

在培养青少年良好心理品质意识的指导下，营地老师就会从该角度对活动情况作出评价，从而对学生产生激励作用。例如"荡索过河"，河中有一个高高的铁架，上面拴着一条 6 米多长的绳子，河宽约 5 米，两岸落差 1 米多，要求活动者抓住绳子，从此岸荡向彼岸。活动开始时，很多学生会表现出胆怯心理，但在辅导员循循劝说下，在以胆大学生为榜样的激励下，逐渐表现出愿意尝试的念头。而一旦胜利过河后，成功的喜悦与意犹未尽的感觉，会促使学生更多地尝试。有的学生可能掉进河里去，弄得衣裤全湿，辅导员也会帮其分析原因，激励他再试，如获成功，那份勇敢和自信将在他心中牢牢扎根，永不丢失。

针对现今的青少年依赖性强、协作精神和自理能力差的情况，创造一个独立的生活环境，对提高他们的自主能力是有很大帮助的。而这方面，营地也是有优势的。

孩子们住宿营地，过几天集体生活，心里总会有一种说不出的兴奋。而当集体生活真的开始时，他们都有些束手束脚了，被子怎么叠？衣服怎么洗？怎样安排自己的业余时间？等等。怎么办？商量！于是，一个寝室成了一个家，大家动脑筋，出点子，找差距，向能力强的同学学习，向老师求教。有的学生以前在家一直是衣来伸手饭来张口，而在野炊活动中却表现得异常出色。搭灶、拾柴、生火、洗锅碗，等等，各种粗活抢着干。不会包馄饨的虚心请教，会包的尽心传授。有的学生还现"炒"现"卖"，自己刚学会，马上就去教别人，同学们互相关心团结协作，团结友爱之情深深地融汇在这个集体之中。

学生入营以后，建立自尊也是重要的教育内容。而必要的队会则是引导学生用正确的标准了解自尊、确立自尊的必要手段。比如入营仪式，除了让学生明确入营目的以外，还要引导学生，让学生树立正确的民族自尊。穿插于活动中的中队会是让学生交流所得、建立正确的班级集体自尊的重要方法。而形式多样的寝室民主生活会则是总结个人得失，找出差距，培养正确的自尊的有效手段。

走进自然，走进社会。浏河营地以它广阔的胸怀、热诚的双臂，欢迎青少年学生的到来。

带孩子走进充满诗意和希望的田野

上海市少年儿童浏河活动营地　王惠萍

学者李庆明在《李吉林与情境教育》一书中写道："教育要解放儿童，

就必须将儿童带入充满诗意、充满生命活力的真实生活或真实情境中去。"

浏河营地充分利用了浏岛起伏的地势，葱茏的树木、蜿蜒的小河、纵横的阡陌及民居等自然资源，在这些充满诗意、充满生命活力的真实生活和真实情境中设计出了富有野趣、农趣、志趣的社会实践活动方案，让来营学生以野趣之乐释放人生欢情，以农趣之乐解读农耕文化，以志趣之乐磨炼意志。

一、体验野趣，以野趣之乐释放人生欢情

美国教育家斯特娜夫人认为，儿童最好的老师莫过于自然。

营地的划船、钓鱼、迷宫、踩高跷、睡吊床、挖荠菜等社会实践活动都是在大自然中进行的"野外作业"，它既使学生享受到了大自然的恩赐，又使学生深切感受到人与自然和谐相处的重要。

在营地宿舍楼旁有个高高的土堆，土堆上有一棵枝繁叶茂、年代久远的胡秃子树。四、五月间，鲜亮水灵的胡秃子逐渐成熟了，枝丫间挂满了花生粒大小的长椭圆状的红艳艳的果实，吸引了不少学生驻足相望。他们急切地想知道：这棵树叫什么名？它的果实可不可以吃？当得到肯定的回答后，有嘴馋的，马上摘一枚成熟的果实放到嘴里咀嚼起来，顿时一股酸酸的、甜甜的略带一丝涩涩的滋味在嘴间弥漫开来。学生们站在土堆旁，嚼着胡秃子的果实，看着小鸟在枝丫间跳上跳下地忙着啄食胡秃子的果实……土堆、胡秃子树、可嚼食的果实、啄食的小鸟，这一切原生态的景物向学生们展示着自然的魅力，为学生们增添了不少的生趣。

在浏河中划船时，当船儿荡漾在河面上，映入学生眼帘的是白杨树的倒影，河面上漂浮着的绿色的点点浮萍及不时掠过河面的红娘华、仰泳蝽等水生昆虫，河岸边摇曳着长长的柔软叶子的芦苇，河滩旁忙碌着的身"穿"红色甲壳的小螃蟹。这一切自然状态下的水面景象，乐坏了划船的学生，往往任由小船在河面打转，忙不迭地和水生昆虫、小螃蟹较起了劲……

行进在前往樟树林踩高跷、睡吊床的路上，让学生用眼去看这片由翠绿、墨绿、淡绿等几种不同绿色交织在一起的茂密的树林及掩映在绿树丛中的青瓦白墙的农舍。当学生踩着高跷穿行于樟树林间，绿叶葱茂的树枝如同美丽的太阳伞一般舒张着，为学生带来浓密的树荫。树间的吊床悠悠摇曳，躺在吊床上，学生们倾听着风吹树叶的"沙沙"声和此起彼伏的鸟儿虫儿的鸣叫声，闻着田野中农作物、路旁盛开的野花所散发的特有的清香，尽情地领略着田野色浓味郁的生活情趣。

营地野炊区里炊烟袅袅，一派忙碌景象。10个学生为一组，有的在扇火，有的在添水，有的正围着灶台包着馄饨，会包的悉心传授，不会包的虚心请教。学生们包出来的馄饨千姿百态，看着自己包的"四不像"馄饨，学生们笑成了一团，欢笑声在野炊区里此起彼伏。当馄饨煮熟了，学生们忙不迭地舀上几个，尝起鲜来，啊，自己包的馄饨味道是如此的鲜美。野炊活动间，同学们你帮我，我帮你，在玩中学，在学中玩，体验到了劳动果实的来之不易，体验到了劳动过程中的快乐！

在芦苇旁的鱼塘里垂钓，学生们好不开心。营地辅导员老师借机询问相关的钓鱼知识，学生们便你一言我一语地说开了，但很少有学生答到关键点。这时他们便将渴求的目光投向了营地辅导员老师，而原先"卖关子"的老师，见学生们因渴望钓着鱼而激起了学习垂钓知识的兴趣，便一边示范一边讲述，学生们这才知晓，钓饵该怎样挂钩，铅坠该怎样使用，该怎样投竿，等等，还有什么春钓雌湾冬钓雄湾的，钓鱼原来还有这么多讲究，这么多学问。此时，旁边早有性急的学生按捺不住想要一试身手了，于是学生们拿着鱼竿沿着鱼塘三三两两地撒开了，渐渐地阵阵惊呼与欢叫声响起来了，原来是掌握了正确的钓鱼方法钓上来了鱼，鱼儿离开了水面，在细细的鱼线一头不甘心束手就擒，挣扎着，翻跃着，学生们则看着、笑着、说着、比划着，鱼塘垂钓真是其乐无穷。

挖荠菜去了。拿出小铲子，学生的脸庞荡开舒展的微笑。寻着，挖着，兴奋的学生不觉间四下散开。田间的荠菜很多，此时任鸟儿虫儿多情地鸣唱，学生却再也不肯抬起头来，自顾无暇地手起铲落，一棵棵吸足了阳光、有着密密的锯齿般叶边的莲花状的荠菜，被粗大的根托举着离开了泥土……田野之乐，深深吸引了已逐渐远离自然的学生。

二、体验农趣，以农趣之乐解读农耕文化

营地的参观养殖场、辨识农作物、农家访谈、农田耕作这些社会实践活动带有浓郁的乡土气息，不仅从城市来的学生，连从农村来的学生，对不少富有生活气息的活动内容也感到生疏。这种生疏正好满足了学生好奇的心理。这诸多的"第一次"从"源头"上吸引了学生。

在养殖场里，学生们零距离地与兔子对话，给羊儿喂草，鸭子扑闪着翅膀迎接着小客人，胖乎乎的小猪更是"哼哼"叫个不停，这一切新奇而

有趣。

"五谷辨认"活动将谷子、荞麦、小麦、绿豆、赤豆、白扁豆、玉米等果实混合在一起让学生辨认（出示这些农作物的图片，让学生辨识实物），这可难倒了现今的学生，真是不辨不知道，一辨方知道有如此多学问。

学生们在浏岛农家认识生产、生活的传统用具，品尝浏岛农家的乡野食物，参与农家吊井水、灶膛烧火、推石磨、踏石臼、踩水车、下田采摘等活动，体验农家生活。通过近距离地触摸农家生活，感受农家生活，享受"乡土亲，乡土情"，学生们对劳动人民、对农村的热爱之情油然而生。

青少年学生来浏河营地参加劳动实践活动，是营地综合功能的又一具体体现。学生们在这里走进农村，走向田野，亲近农民。他们在这里扛起了锄头、铁锹和铁耙，扛起了明天的希望；在这里撒下了汗水，撒下了追求的激情；手指磨出了血泡，同时也磨出了吃苦耐劳的意志。

翻地、锄草、草编，学生们在这里学习劳动技术，体会"粒粒皆辛苦"的意义。劳动最艰辛、劳动最光荣、劳动最伟大，在学生们的心中留下了不灭的烙印。

三、体验志趣，以志趣之乐磨炼意志

（一）勇敢者的"苦"与乐

营地的社会实践活动虽说有一点险，但它是学生欢迎并且能够接受的带有童趣的险，与学生心理、生理相符合，能锻炼学生的胆量和体魄。

"勇敢者道路"活动设计注重了学生的需要，巧借营地自然地形、园林绿化和人造景观，最受入营学生的青睐。

"荡索过河"这个活动项目则设计在营区内的浏河的支流上。5米宽的河中竖着一个高高的铁架，上面拴着一根6米长的绳子，支流的两岸岸差1米，活动时要求学生站在岸高的这一边，抓住绳子，荡到对岸去。"荡索过河"最刺激，最显"英雄本色"。但活动开始时，往往大多数学生都神情紧张，有些还一个劲地往队尾躲。在营地辅导员老师的示范及循循讲解下，胆大的学生都抢着要一显身手，当胜利荡过河的那一刻，同学们兴奋得大声欢呼。

与水奋斗，其乐无穷。设计在浏河支流中的"木筏漂流"、"蜻蜓点水"、"浮桶横渡"这些活动项目，够新颖、奇特、刺激，精彩而引人入胜。它们能激发一种与生俱来的生命活力，让学生尽情享受征服水的快乐。

让孩子灵性成长

参加"勇敢者道路"活动，让学生在体验惊险、挑战自我中锻炼意志，收获成长和快乐。我相信在未来的成长之路上，智慧、勇气和力量将一直陪伴学生。

（二）军训中的苦与乐

国防教育是高一新生的必修课。每年的8月、9月，浏河营地承载着军训的重任。此刻的营地，便成了一座绿色的军营。

在绿色军营中，没有家中舒适的生活，没有自由洒脱的个性，只有口令与汗水的交杂。动作的整齐划一不是一朝一夕的事，点滴进步都以汗水为代价，这就是军训。

学生们体验着军训的苦与乐，在苦与乐中成长着，以志趣之乐磨炼着意志。

在绿色军营中，学生们遍尝甜、酸、苦、辣之味，他们少了些娇气，多了些坚强；少了些依赖，多了些自强；少了些怨天尤人，多了些勇往直前！

在绿色军营中，学生们队列、队形纵横有序；齐步、跑步美观到位；他们严肃庄重的军姿，整齐威武的行进，铿锵有力的步伐，整齐划一的动作，尽显军人风采。

在绿色军营中，学生们精神抖擞，士气高涨，纪律严明；他们吃苦耐劳，团结拼搏，永不言败。

走进自然，才知大自然的宽广胸怀；参与实践，才知立足社会的苦辣酸甜。在短短几天的实践体验中，浏河营地让来营学生走进大自然，让学生在与自然的对话中体验野趣，体验农趣、体验志趣。在这里学生们换一种方式学习，换一种方式生活，换一种方式交往。学生们成长的岁月在这里留下了美好的痕迹，学生们成功的步履在这里开始，走向未来。

浏河营地承载着伟大的教育之梦

上海市少年儿童浏河活动营地　孙骊

野外营地活动是以培养学生综合素质、生活能力及生存能力为目的。现在学生大部分都是独生子女，优越的生活条件使他们丧失了许多应具备的生活常识和技能，如爬山、涉水、刷锅做饭等。更为严重的是他们缺乏吃苦精神和团结奋斗精神，不了解生活，心理脆弱，性格孤僻，等等。营地社会实践活动为这些孩子们提供了了解生活、体验人生的机会，在自然的环境中，在没有家长陪同的情况下，在事事都要通过自己的努力、依靠集体的力量才能变为现实的情况下，孩子们体验到成功的喜悦，发现人生的价值，培养出团结协作的精神以及与人为善、开朗活泼的性格。同时他们也学到了野外生存的基本常识和技能，提高了热爱大自然、保护大自然的意识和审美情趣。这正是我们每位家长与老师所期盼的。

上海市少年儿童浏河活动营地坐落在风景秀丽的嘉定区唐行镇北新浏河畔的双浏岛上，这里地势起伏，四面环水，修竹茂密，名木成林，充满着大自然的生活情趣和农村气息的田园风光。高雅别致的"状元楼""潜研堂"等古建筑和环境优美的各种生活设施，为广大少年儿童提供了一个生活、学习和活动的良好场所。建营近 20 年，营地充分利用其广阔的活动区域和迷人的自然景观以及附近的农业、科技、历史、文化等教育资源，顺应学生自身的发展需求，形成一种资源共享模式；通过丰富多彩的主题活动，引导学生接触自然环境，使之感受自然界的美与奥妙，激发学生的好奇和认识兴趣，并在做和玩中体验合作的乐趣，让学生"从自己的世界出发用多种感官去观察、体验、感悟社会，获得对世界的真实感受"。

一、培养学生良好的道德品质

营地实践活动大多是集体活动。让学生们为一个共同的目标而努力，有利于他们形成关心集体利益和负有一定责任感的品质。学生集体主义思想的不断成熟，会发展到对社会、对国家的关心和责任感。因此应努力培养学生养成遵纪守法、严格要求自己、遵守社会公德的行为习惯。

1. 培养学生的团队意识

在野外营地活动中学生一般在营地生活一至六天，营地活动充分利用集体生活条件，对学生进行团队意识和团队精神的教育。为此，营地设立多种学生生活自管制度。每个班级都选出寝室长、纪律检查员、值日生等，具体负责自己班级的管理，在实践中教育学生如何团结一致、互帮互助，共同完成管理任务。那些在校内被认为比较差的学生也有施展才能、为集体做好事、争荣誉的好机会。野外营地生活成了他们改变、进步的新起点，他们的个性得到充分体现，每个人的才能都得到了充分发挥。

野外营地处处为培养学生团队精神创造条件。清晨，大家动手整理寝室，打扫卫生，升国旗、营旗，做早操；白天，开展野炊、荡索过河、划船、林间活动等；晚上，开篝火晚会，看录像，找"宝藏"，进行紧急集合等。这一系列活动都让学生沉浸于人与人之间互爱、互让、互助、合作的浓浓氛围中，体验和感悟集体的温暖、集体的智慧和集体的力量。这将有助于学生融入班队集体，以促进良好的班队集体的形成。

2. 培养学生的感恩意识

感恩教育是一种以人性唤起人性的情感教育，是一种以德报德的道德教育。感恩是社会上每个人都应该具备的基本道德准则，是做人的起码修养，也是中华民族的传统美德。通过感恩教育，让学生懂得对生活和对他人心存感激，学会理解关爱他人，养成与人为善、与人为乐、乐于助人的良好品德。

营地作为青少年道德教育的主要校外教育机构，必须把"感恩教育"作为德育的切入点，精心培育营地的"感恩文化"，对学生实施全方位的"感恩教育"。让学生从爱父母、爱老师、爱同学、爱身边的人开始，对给予自己关怀和帮助过的人抱有感激之心，使"滴水之恩当涌泉相报"之情在每一个学生的心灵中生根、开花、结果，以此增强学生的报恩意识、责任意识、奉献意识，激发他们奋发进取、刻苦学习、报效祖国、奉献社会的历史使命感，培养他们高尚的道德情操，努力提升他们的思想道德素质。

营地通过组织丰富多彩的活动，引导学生主动参与，让学生体验爱。要让丰富的感性认识转化为学生的自觉行为，必须以活动为载体，让学生在体验中萌发真情。结合营地主题，我们具体开展了以下三项活动。

读家信、写家信——感谢父母养育我。让学生体会父母的爱是最无私的，也是天底下最伟大的，理解父母对自己的期望，学会孝敬父母、回报父母的爱。

谢谢您，老师——感谢老师教育我。让学生懂得老师教给了我们知识，教给了我们做人的道理，老师是我们人生路上的引路人，要以实际行动尊敬老师，报答老师博大的爱。

牵手同学，共同进步——感谢他人帮助我。让学生体会同学是心中最纯最真的朋友。朝夕相处，心存感谢，也许从没表达。通过活动，使大家学会表达对同学的感谢之情。

3. 培养学生的爱国意识

结合营地活动开展各类主题教育活动，教育学生知道自己是中国人，尊敬国旗、国徽，认识中国地图，会唱国歌；初步了解嘉定历史文化，嘉定的物产、名胜古迹、著名人物和社会主义建设的伟大成就以及改革开放带来的巨大变化，培养热爱家乡、热爱祖国、热爱社会主义的感情和民族自尊心、自豪感。如，小红军新长征——"缅怀革命先烈，感恩幸福生活"的主题活动，让学生懂得爱国是国家兴旺发达的动力，爱国是当代民众的精神需求，爱国是每个公民的神圣职责，激发学生立志报效祖国的爱国情感。

除了主题活动，营地还通过组织生动活泼、形式多样的活动，如参观名胜古迹（嘉定孔庙、秋霞圃、法华塔等），瞻仰革命圣地（烈士陵园），感受祖国新貌和建设成就（嘉定新城、F1赛车场），访问先进人物等。把爱国主义的教育融汇进去。入营学校早上要升国旗、唱国歌。重要纪念日（长征胜利70周年、国庆60周年、郑和下西洋600周年等）进行爱国主义教育活动。要把爱国主义教育同热爱中国共产党、热爱社会主义的教育联系起来，使学生逐步懂得中国共产党是领导全国各族人民振兴中华大业的核心力量，社会主义制度是建设现代化中国的根本保证。

4. 培养学生的劳动意识

营地策划组织"快乐学农、体验收获"学农活动，就是希望倡导尊重劳动、尊重劳动者的良好风尚，并借此组织学生与附近农户交流沟通。为此，我们充分利用基地的资源和设施，每年冬季开展高二学生参加学农活动，通过拔草、种菜、施肥、翻土、挖沟、果树修枝、黄草编织等农田劳作，让学生体验劳动的艰辛，收获劳动的乐趣。通过活动，学生不仅掌握了基本的劳动知识和技能，拓展了生活技能训练和体验，而且锻炼了生存能力，丰富了对人生意义的感悟。通过与农民面对面的访谈和聆听专家的论坛，学生了解了改革开放以来农村翻天覆地的变化，感叹现代农业的飞速发展，进一步提升了自己的使命感和责任意识。

认真培养学生的劳动意识、劳动习惯和勤俭节约、艰苦朴素的精神，不仅是实现学校教育目标的重要方面，而且关系着我们民族优良传统的发扬光大。开展劳动教育要因地因校制宜，根据学生的不同年龄段加以安排。如幼儿园、小学进行喂养小动物、采摘蔬菜和水果活动；初中生进行按图索骥识别农作物、简单农事体验等活动；高中生进行田间劳动、农家访谈、手工编织等活动。

二、培养了学生良好的心理素质和与人交往、合作的能力

现在的学生学得很苦，很累，整天扎堆于书本之中，在学校忙于完成老师布置的作业，在家里还要完成家长布置的作业，放松的时间、娱乐的时间几乎全被作业所占领。所以学生在紧张的学习后，身心疲惫，需要调整和休养。不过，休息也要讲究方式和方法，整天躺在床上睡觉，或者沉迷于电脑游戏、电视机，都不是好的休息方式。营地活动是休闲的、积极的，有益于身心健康的。多与其他年龄相仿的人交往，提高学生的人际交往能力，有利于健全他们的人格，增强社会适应能力。参加野外实践活动可以磨炼意志，增长见识，结识很多新朋友。

1. 寓教于乐，培养学生的心理品质

培养良好心理品质是现代社会发展赋予现代教育的重要使命。现代教育要为现代经济和社会建设培养有用之人，不仅要授人以科学文化知识，还要塑之以健全的人格，其中包括良好的心理品质。

浏河营地是一个校外教育机构，作为学校教育的延伸和补充，承担着教育培养青少年的任务，其教育空间之大、机制之灵活，在培养良好心理品质上具有得天独厚的优势。一直以来营地坚持玩中有得、寓教于乐，既要有野趣活动的方式，更要有各项活动的教育内涵，注重在活动设计和活动辅导过程中充分发挥其教育功能，包括培养青少年良好心理品质的教育功能。

例如，"勇敢者道路""荡索过河""冲破封锁线"以及"毅园"内的各项活动项目，旨在培养青少年顽强的意志和坚强的自信心；"钓鱼""摘果子"等活动旨在培养青少年沉着、耐心、细致的心理品质；"划船""野炊"等活动旨在培养青少年集体主义观念以及相互关爱和帮助的情感；青少年独立生活环境的创设以及洗衣、清洁、住宿等活动，旨在培养青少年自主自立的能力。在这些活动中，有成功也允许有失败，可以让青少年获得成功或失败的体验，从正反两个方面促进良好心理品质的形成和发展。通过参加这些活动，学生比以前更加乐观、开朗和自信。

2. 参与互动，培养学生与人交往、合作的能力

学生在参与野外活动过程中，不仅与同学交往、合作，还要与社会各层面的人进行交流。通过社会实践，学生能够深刻体会到学校、家庭与社会的区别和社会的复杂，这种体会为他们今后走上工作岗位奠定了良好的心理素

质，有利于培养顽强的意志和坚韧不拔的精神，学会如何与人交往。

如在 5 天的学农活动中，学生体验到了劳动生活，了解了种植和养殖业的有关常识，初步懂得劳动创造社会财富的道理，培养热爱劳动、热爱劳动人民的感情。嘉定区一中陈昊同学在学农日记中写道："学农让我增加了了解民生的视角，走进生活。当代的学生不能成为'两耳不闻窗外事'的一代。我们应该更加关心社会，关注民生。学农的生活不仅是体力上的劳动，更是视野上的拓宽。在学农的第二天，我们班的同学就被分成小组走进农家，采访农家的生活，在与农家阿婆的沟通、交谈中，我们了解了改革开放以来农民生活的巨大变化。可以说，这样的过程，对于学生来说无疑是积累了一笔与他人交往的人生经验。学农中的这次采访调研经历也是我开展社会实践活动的萌芽。"

通过营地的集体生活、劳动、寝室内务竞赛、帮厨以及各种讲座等活动，学生也懂得了良好的人际交往、真诚的合作精神和竞争意识是成功者的必备要素。

三、激发了学生对社会热点的关注，增强了社会责任感

在社会迅猛发展、社会热点不断变化的今天，如何正确引导、帮助学生树立正确的人生观、世界观、价值观，使之成为为人民服务、为社会作贡献的有用人才，社会实践活动是一条有效的途径。它变学校"包办"式的灌输教育为学生自主的感知领悟，强化了学生自我教育、自我管理、自我磨炼、自我约束的主体地位。

野外活动营地的主题活动要抓住学生的特点，结合时事、政治、形势等社会热点，对学生进行教育活动，提高野外营地活动的教育质量。

如 2008 年 5 月 12 日四川汶川发生 8.0 级大地震，为了悼念灾难中逝去的遇难者，国务院发出公告，2008 年 5 月 19 日—21 日为全国哀悼日。在全国哀悼地震遇难者的日子里，我们精心设计、组织了一台主题晚会——"激扬青春情系灾区"，哀悼遇难同胞，为四川祈福，为四川加油，也为在营地开展野外教育活动的学生提供了一次教育机会。

这几期的营地活动，学生受到的教育是深刻的，他们的心灵受到了震撼。他们说："对于我们，也许只是放弃购买了一件心爱的衣服，也许只是少吃了几次零食，但这些钱却能重新燃起灾区一个贫困学生的求学梦，或许还能改变他的一生。"这是学生们通过本次主题活动后的肺腑之言，也是主

题教育活动带给学生的感性认识和直接体验。

作为青少年校外实践的活动营地，为学生提供类似的教育服务，是我们的责任，教育的责任。发挥野外营地的教育功能，需要我们在活动内容上动脑筋，需要我们在教育功能上有创新，需要我们主动地和学校沟通，了解学生的需要，学校的需要。抓住社会的时事、政治、形势等热点问题，组织丰富多彩的教育活动，为青少年学生、学校创造适合的活动，这样的野外教育，才能充分发挥其自身的教育功能，才能赢得青少年的喜欢。

附录：上海市少年儿童浏河活动营地课程

军事训练课程系列

军训活动是浏河活动营地的主要功能之一。它以《中华人民共和国兵役法》《中华人民共和国国防法》和《中共中央国务院关于深化教育改革全面推进素质教育的决定》中开展学生军训的有关要求为指导思想，按照教育要面向现代化、面向世界、面向未来的要求，围绕国家人才培养的长远战略目标和国防后备力量建设的需要，组织开展学生军训工作。其目的是：通过组织学生军训，提高学生的思想政治觉悟，激发爱国热情，增强国防观念和国家安全意识；进行爱国主义、集体主义和革命英雄主义教育，增强学生的组织纪律观念，培养艰苦奋斗的作风，提高学生的综合素质；使学生掌握基本的军事知识和技能，为中国人民解放军培养后备兵员和预备役军官、为国家培养社会主义事业的建设者和接班人打好基础。

一、主要内容

队列训练、三大条令学习、军体拳操练、消防知识讲座和国防知识讲座。

二、主要适合学段

初一年级和高一年级学生。

三、课程内容

队列训练

1. 适合学段

初一至高一年级学生。

2. 资源配合

队列操练场地。

3. 活动目标

（1）了解各种队列动作的基本要求和使用场合，做到令行禁止；

（2）掌握各种单人队列动作和班队列动作的动作要领。

4. 活动过程

（1）教官讲解各种队列动作的基本要求并示范；

（2）组织学生进行训练；

（3）训练小结与讨论；

（4）学生军训会操，汇报军训成果。

5. 注意事项

（1）训练中要注意天气情况和学生体能情况的变化，防止安全事故的发生；

（2）基本队列动作必须到位、正确；

（3）班队队列动作必须一致、整齐。

三 大 条 令

1. 适合学段

初一至高一年级学生。

2. 资源配合

礼堂，教官样板宿舍，中国人民解放军《队列条令》《内务条令》《纪律条令》。

3. 活动目标

（1）了解中国人民解放军三大条令主要内容；

（2）使学生接受国防知识教育，提高学生对军训的认识。

4. 活动过程

（1）集体学习中国人民解放军《队列条令》《内务条令》《纪律条令》；

（2）带班教官组织学生分班学习，参观教官样板宿舍，指导内务整理；

（3）学生学习和操练。

5. 注意事项

(1) 集体学习以讲解为主,注重学生军事意识的培养;

(2) 分班学习注重直观教育和学生掌握要求,细化学习内容;

(3) 学生学习和操练注重对条令的理解。

军体拳操练

1. 适合学段

初一至高一年级学生。

2. 资源配合

操练场地,校本教材《军体拳图解》。

3. 活动目标

(1) 熟悉和掌握全套军体操动作要领;

(2) 丰富学生军训活动内容,提高军训质量。

4. 活动过程

(1) 教官演示全套军体拳,分步讲解动作要领;

(2) 学生学习分解动作,逐步掌握动作要领;

(3) 学生学习和操练。

5. 注意事项

(1) 教官讲解分解动作时应到位、正确;

(2) 学生操练时做到一致、整齐。

消防知识讲座

1. 适合学段

高一年级学生。

2. 资源配合

消防安全知识,防火逃生案例,市民减灾知识教育片。

3. 活动目标

(1) 让学生了解消防知识,掌握火灾自救、逃生的技能和烧伤的应急处理办法;

(2) 丰富学生军训活动内容,提高军训质量。

4. 活动过程

（1）教官讲解消防安全知识以及火灾自救、逃生的方法；

（2）学生学习；

（3）学生讨论、交流。

5. 注意事项

教官讲解消防形势、知识时通过宣传片、VCD 等形式，注意提高学生兴趣。

国防知识讲座

1. 适合学段

高一年级学生。

2. 资源配合

邀请营外辅导员作专题讲座。

3. 活动目标

（1）让学生了解国家安全知识，提高国家安全意识，进而提高对军训的认识；

（2）丰富学生军训活动内容，提高军训质量。

4. 活动过程

（1）辅导员讲解国家安全知识；

（2）学生讨论、交流。

5. 注意事项

讲解以生动的故事、事例为主，提高学生的兴趣。

农事实践课程系列

一、课程思想

进一步贯彻落实《中共中央国务院关于进一步加强和改进未成年人思想道德建设的若干意见》，实施《上海市中小学劳动教育实施纲要》《上海市校外教育三年行动计划》《上海市中小学生生命教育指导纲要》，结合

"二期课改"拓展型课程实践与中小学生社会实践活动内容的特点，加强中小学生学农劳动社会实践活动的管理，提高学农劳动社会实践的质量，更有效地促进学生认识自然、接触社会，初步了解"三农"培养劳动习惯和热爱劳动人民的思想感情，发扬勤俭节约和艰苦朴素的精神。

劳动实践教育活动是通过学生参加生产劳动实践所进行的一种有目的、有计划、有组织的培养学生多种素质的教育活动。"劳动"一词对学生来说并不陌生，然而要通过生动形象和切实可行的方式将热爱劳动的思想教育融入每一位学生头脑中，并使他们终生受益，是学校道德建设中的一个重要课题。

首先，劳动实践教育是培养中国特色社会主义事业建设者和接班人的根本要求。教育必须与生产劳动相结合，与社会实践相结合，这是党和国家教育方针的重要内容，是确保教育必须为社会主义现代化建设服务、为人民服务的根本措施。让学生参与劳动实践，有助于学生逐步认识社会发展规律，认识国家的前途和命运，增强社会责任感和历史使命感，自觉努力成长为德、智、体、美全面发展的中国特色社会主义事业建设者和接班人。

其次，劳动实践教育有利于磨炼学生意志，培养学生吃苦耐劳的精神。审视当代的学生，他们生活在新旧体制转换和社会生活急剧变化的年代。他们聪明活泼，见多识广，但对社会缺乏本质的认识和真实的了解；他们重视学业、考分，但忽视能力和个性的张扬；他们不愁吃穿，生活优裕，但缺少艰苦奋斗和吃苦耐劳的精神；他们立志高远，渴求进取，但并未真正养成珍惜劳动成果的良好习惯。因此让学生参与劳动教育客观上有助于学生增强体质、心理健康素质和科技意识，培养良好的道德品质和文明行为，提升科学和人文素养，养成艰苦朴素的民族精神。

再次，劳动实践教育有利于培养学生的团队精神，增强学生的集体主义观念。在校园内，突出个人主义，漠视他人的现象确实存在。我们可以利用多种形式的劳动实践教育活动，有目的地对学生进行集体主义教育。

再其次，劳动实践教育有利于增强学生尊重劳动的观念，培养学生珍惜劳动成果的良好风尚。苏联教育家苏霍姆林斯基说过，劳动是有神奇力量的民间教育学，给我们开辟了教育智慧的新源泉，这种源泉是书本教育理论所不知道的，我们深信，只有通过有汗水、有老茧和疲乏人的劳动，人的心灵才会变得敏感、温柔，通过劳动，人才具有用心灵去认识周围世界的能力。现代中小学生之所以缺乏吃苦耐劳的精神，很大程度上是因为他们没能深刻领会到"粒粒皆辛苦"的真谛，因而也就不懂得何谓尊重劳动和劳动者，不懂得珍惜劳动成果。尤其是条件较优越的城镇中小学生，虽然他们也明白"大米"并非"从船上"来的，也知道那大片的"韭菜"是麦苗，但由于对农民劳作的艰辛缺乏应有的实际体验，有时甚至认为劳动是一种有趣的游戏，因此，他们无所谓热爱劳动，甚至轻视劳动及劳动者。如何让学生转变这些观念，笔者认为，在课堂教学的同时，还是应充分利用各种机会组织学生参与劳动实践活动，在"身教"上再下工夫。

最后，劳动实践教育有利于培养学生的参与意识和奉献精神。学校劳动实践教育活动是一种奉献的过程，对于学生个体来说均重在参与。这是由学校教育核心——"以育人为本"这一宗旨来决定的。因而，学校应经常组织学生参与有益的劳动实践活动。这样做对培养学生的参与意识和奉献精神是很有帮助的。

二、目标与要求

通过学农劳动社会实践，让学生获得直接劳动体验，促使学生主动认识并理解劳动，逐步树立正确的农业劳动价值观，培养良好的劳动习惯和重视农业、关心农村、热爱农民的思想情感。

适时、适量、适度参加田间劳动，磨炼学生的意志，培养学生的社会责任感以及敬业、创业精神。

认识常见的农作物和一定的基本农业知识，学会使用常见的小农具。

三、课程内容

锄　草

1. 适合学段
高二年级学生。

2. 资源配合
劳动工具锄头，学农基地生产用地。

3. 活动目标
（1）通过锄草劳动，使学生了解锄头这种传统生产工具的结构、用途和作用；

（2）能比较正确熟练地使用锄头，掌握锄草技术；

（3）使学生体会到劳动的艰辛，激励学生努力读好书、学好本领，为农业的发展和改造落后耕作方式而努力学习。

4．活动过程

（1）学生有序地领取农具——锄头；

（2）田头讲解并进行示范；

（3）学生分组劳动，随时进行巡视，及时纠正出现的各种不正确方法；

（4）劳动结束，小结学生劳动中的情况，收好工具，并有序归还。

5．注意事项

（1）熟悉学生的情况，掌握学生对学农的思想和认识态度；

（2）熟悉班干部和团干部，并分好劳动小组，在劳动过程中按组分散开展；

（3）了解劳动田块的现状，从而有目的地安排劳动内容；

（4）准备工具（锄头、垫布、木块以及斧头等）；

（5）领取工具、行进到田间劳动的过程以及劳动过程中注意安全。

翻　　地

1．适合学段

高二年级学生。

2．资源配合

劳动工具铁搭，学农基地生产用地。

3．活动目标

（1）通过铁搭翻地，使学生了解铁搭这种生产工具的结构、在传统农业耕地中的用途以及翻耕土地的意义；

（2）使学生较好地掌握铁搭的使用方法，掌握翻地技术；

（3）通过劳动使学生体会到劳动的艰辛，养成珍惜劳动成果和勤俭节约的良好习惯。

4．活动过程

（1）指挥学生有序地领取农具——铁搭；

（2）田头讲解铁搭的用途（翻地、整地等）和铁搭的结构和安装（使学生掌握并学会铁搭松脱后自己安装）和铁搭的使用方法（重点、难点）和具体操作方法然后示范，让少数同学进行实践操作。

（3）学生分组进行劳动，注意不断进行巡视，及时纠正出现的各种不正确方法；

（4）劳动结束，小结学生劳动中的情况，对学生表现进行客观评价；

（5）收好劳动工具，并有序归还。

5. 注意事项

（1）熟悉学生的情况，了解学生对学农的思想和认识态度；

（2）了解劳动田块的现状，从而有目的安排劳动内容；

（3）指导学生拿铁搭的方法，注意安全，防止发生不必要的安全事故。

访 谈

1. 适合学段

高二年级学生。

2. 资源配合

营地周边农户。

3. 活动目标

（1）使学生了解农村改革开放以来翻天覆地的变化；

（2）了解当地农民的生活、生产环境以及生活条件的变化，体验农村生活的气息；

（3）通过访谈使学生体会到农民只有艰辛劳动才能换来勤劳致富的成果，从而养成珍惜劳动成果和勤俭节约的良好习惯；

（4）初步了解农作物的播种季节和生长过程。

4. 活动过程

（1）向学生讲明到农民家中访谈是我们学农过程中的一个很有意义的活动。通过访问感受农村生活，我们应尊重自己的访谈对象，由于学生的文化层次高于访谈对象，他（她）们都是上了年纪的老妈妈、老爷爷，文化水平较低，有些还不能讲普通话，所以访谈时我们应耐心地听，而且要有记录，尽可能多地了解农村的生活变化和社会的进步；

（2）分组进行活动，每班分成 3~4 组，选好组长，每组到一户农家开展访谈。

5. 注意事项

(1) 随时调节访谈气氛，做好翻译，使整个访谈在亲切、热烈的氛围中进行；

(2) 访谈结束应要求学生有礼貌地与被访对象道别。

土 地 平 整

1. 适合学段

高二年级学生。

2. 资源配合

劳动工具铁搭，学农基地生产用地。

3. 活动目标

(1) 使学生在通过铁搭翻地后，更好地掌握铁搭的用途和使用方法；

(2) 了解整地的作用和意义，初步学会简单的平整技术；

(3) 使学生体会到劳动的艰辛，养成珍惜劳动成果和勤俭节约的良好习惯。

4. 活动过程

(1) 指挥学生有序地领取农具——铁搭和长绳；

(2) 田头讲解整地的目的和要达到的要求、铁搭的结构和安装、整地时使用铁搭的方法和要领，并示范。

(3) 学生分组进行劳动，注意不断进行巡视，及时纠正出现的各种不正确方法；

(4) 劳动结束，对学生表现进行客观评价，收好劳动工具，并有序归还。

5. 注意事项

(1) 熟悉学生的情况，了解学生对学农的思想和认识态度；

(2) 学生必须分组、分班次轮流进行劳动，避免所有学生挤在一起发生事故和影响劳动效果；

(3) 了解劳动田块的现状，从而有目的地安排劳动内容；

(4) 指挥学生有序地领取农具，指导学生安全拿铁搭的方法，到田间劳动的过程以及劳动中注意安全。

让孩子灵性成长

种菜　施肥

1. 适合学段

高二年级学生。

2. 资源配合

劳动工具种菜刀、铁搭、粪桶、粪勺等，时令秧苗，学农基地生产用地。

3. 活动目标

（1）通过劳动，使学生能体会精耕细作的重要、种菜的欢乐和施肥的特殊意义；

（2）使学生体会到劳动是艰辛的，同时也使学生体会收获劳动成果的喜悦。

4. 活动过程

（1）学生分组，按分组领取相应的劳动工具；

（2）教师讲解，交代每一组学生劳动的任务，明确要求和劳动方法；

（3）按组开展劳动，种菜组单独进行拔菜苗，然后在种菜的田块等待种菜；施肥组领好工具后，先进行休息准备；教师带领整地组在田块示范辅导他们按要求整地、挖菜沟；整地组基本完成后，教师示范辅导种菜组学生按要求种菜；种菜组基本结束后，教师再示范辅导施肥组学生掏粪、加水及浇粪的动作方法；

（4）劳动总结，点评整个劳动过程中学生的劳动表现；

（5）收好劳动工具，特别要求施肥组学生把工具清洗干净。

5. 注意事项

（1）熟悉学生的情况，了解学生对学农的思想和认识态度；

（2）熟悉班干部和团干部，并分好劳动小组，在劳动过程中按组开展；

（3）了解劳动田块的现状，从而有目的地安排劳动内容；

（4）动员学生克服怕脏、怕臭的思想，让学生懂得臭和香的辩证关系。

参观社会主义新农村毛桥村

1. 适合学段

高二年级学生。

2. 资源配合

嘉定农业园区的华亭人家，毛桥村。

3. 活动目标

通过参观活动，让学生了解社会主义新农村毛桥村的村貌、环境和民居，了解新农村农民的文化生活及生产生活状况，了解毛桥村的发展史，从而使学生明白党的改革开放、建设社会主义新农村政策的英明。

4. 活动过程

（辅导员介绍嘉定区新郊区新农村毛桥村建设的情况，随后组织学生参观。）建设社会主义新农村，是党的十六届五中全会提出的一项重大历史任务，区委三届八次全体会议审议通过了《中共嘉定区委关于建设社会主义新郊区新农村的意见》，指出了嘉定区的新郊区新农村建设以国际汽车城建设为引领，以嘉定新城建设为核心，坚持产业化与城市化融合互动的发展道路，坚持工业反哺农业、城市支持农村，"多予、少取、放活"的工作方针，进一步加强党的建设、民主政治建设和精神文明建设，推动"三个文明"全面协调可持续发展，努力建设生产发展、生活宽裕、乡风文明、村容整洁、管理民主的社会主义新郊区新农村，提出了构建"1520"新型城镇体系。今天，我们要去参观的毛桥村就是这20个左右的中心村之一。目前，毛桥村已被确定为全国35个社会主义新农村建设示范村之一，也是市委、市政府确定的建设新郊区新农村9个先行试点地区之一。它地处嘉定现代农业园区中部，北与江苏省太仓市交界，区级霜竹公路横贯全村。毛桥村2、3、8三个村民小组交错相连，总户数为105户。全村土地总面积1 272亩，辖8个村民组，243户，总人口730人。2005年农民人均可支配收入10 300元，高于上海市农民人均收入水平。经过多年努力，毛桥村村民生活和各项社会事业得到较快发展。人均住房面积达到40平方米，90%住宅为二层楼房，大多为20世纪80年代建造。我们今天参观的是毛桥村2、3、8三个村民小组105户人家，这三个村民小组目前已经全部改造一新。毛桥村社会主义新农村建设总体目标是：通过5年努力，基本实现"主导产业形成规模，村容村貌整洁靓丽，村民生活富裕安康，农村社会文明和谐，村务管理民主有序"，达到"高起点、高标准、高效益"建设要求，将毛桥村基本建设成为发达地区城郊农村典型示范村。毛桥村保留了一些传统的江南民居。这是一间百年老屋，从木板窗、半门、蝴蝶门等装饰式样，我们可以看出它的时代特征和地方特色，从室内门框雕花、门楣雕花、门楹雕花，可以看出百年之前当地的建筑装潢风貌，它们见证了毛桥百年来的风雨沧桑。农家书屋是为满足农民文化需要，在毛桥村建立的、农民自己管理、自我服务的农民自助读书场所。农家书屋的主要功能是为广大农民普及科技知识，传播先进文化，提供精神食粮，体现人文关怀，保障农村群众最基本的文化权益，并不断满足广大农民日益增长的精神文化需求。2006 年至 2010 年全国农村将建设农家书屋 20 万个，毛桥村的农家书屋是上海市首家。毛桥水蜜桃的甜蜜可以与南汇水蜜桃、无锡水蜜桃媲美，现在毛桥村各家各户的庭院内都种植有桃树、梨树、橘树、柿树等各类果树。这棵千斤桃树是由村民朱维祥夫妇于 1991 年所栽，生长良好，产量奇高，2005 年收获桃子 1 600 个，每个桃子均在半斤以上，总产量达千斤。20 世纪 50 年代末，人民公社化初期兴起了大办食堂的热潮，毛桥食堂原是毛桥村的一个生产队的食堂，如今通过改变，让人们感受到历史与现代相融合的食堂文化气息。知青小屋是一间普通的农村小屋，但这又是一间承载沉重历史重任的农村小屋。40 年前，在毛泽东"知识青年到农村去接受贫下中农再教育很有必要"的号召下，成千上万城市知识青年上山下乡，到农村插队落户，知青小屋复原的是当年插队知识青年的生活场景。农具春秋是人民公社化时期一个生产队的仓库，里面收集陈列着一批传统农具，部分农具仍为现代农家所使用，反映了江南农村生产发展的水平。

5. 注意事项

交通安全，学生上下车的安全，学生进村前的教育如文明礼仪、行为文明等。

休闲拓展课程系列

一、课程思想

"休闲体验"活动是以学生发展为本，坚持全体学生全面发展的活动；也是注重学生知识与技能、过程与方法、情感态度与价值观等三方面目标的全面发展的活动；更是注重学生个性发展，重视学生终身、可持续发展的活动。营地充分利用了营区起伏的地势，浓密的树林和稠密的河网等自然环境设计的系列特色活动，包括"划船""钓鱼""勇走铁索桥""荡索过河""野营""迷宫""水上攀登""草坪娱乐"等活动内容。它以其独特的教育性，浓郁的情趣性深受入营师生的喜爱，成为浏河营地的品牌活动。这些活动既可以活跃学生身心，又可以培养学生的生活情趣和勇敢、胆大、细心的心理素质，还能让学生在活动中增长知识和才干，是以德育为核心，以培养学生的创新精神和实践能力为重点的活动。

1. 是课堂教育的补充与延伸

如"勇敢者道路"一系列活动，"毅园"休闲区的活动等，给学生以身临其境的课堂之外的再学习、再教育，是在活动中的亲身体验。

营地的这些休闲体验活动的开展恰恰为象牙塔中的学生们补上了珍贵的一课。在"清风徐来，水波不兴"的小河里停泊着几叶小舟，学生们远远看见这一景象个个跃跃欲试。跳上船，拿起浆却显出一脸的不知所措，他们竟不知如何来驾驶脚下的这只船，任凭它在水中打转却无可奈何，寻遍脑中所有的记忆也找不出一丝有关划船的印象，这时营地老师为他们详细讲解划船的细节，划船时浆的握法。正划、反划的概念及方法，如何准确有效地调转船头，遇两船交汇时如何安全通过及相互间配合的重要性等。

2. 是家庭教育的完善与发展

现今的中小学生，也许最让人担心的就是依赖性强，协作精神和自主自理能力差，许多家长都非常重视孩子的智力教育，望子成龙心切，却往往忽视了孩子自主自理能力的培养，父母什么家务也不让孩子干，甚至上学后吃饭、穿衣等还由家长包办，成为家中的"小皇帝"。这些因素对孩子的全面发展是不利的，因此创造一个独立的生活环境，让孩子们自己想办法克服一些生活上的困难，多让他们参加劳动尤其是服务性的劳动，放手让他们学会照顾自己的生活，诸如整理寝室、打扫卫生等，而营地恰恰提供了这样有利的条件。

3. 是社会熔炉的基石与积淀

浏河营地丰富多彩的活动内容为中小学生提供了广阔的游玩空间以及锻炼自我的机会。例如"勇敢者道路"中的一系列活动，"毅园"中的活动，都对培养学生顽强的意志、勇于面对困难的自信心以及戒骄戒躁、与人和谐相处的能力大有裨益。

让孩子灵性成长

二、课程内容

划　船

1. 活动对象

小学三年级及以上。

2. 活动时间

1～3天。

3. 活动目的

通过活动，让学生欣赏浏岛的美景，愉悦身心；初步了解划船的技巧，懂得划船手之间要相互配合，动作步调一致；养成团结协作的团队意识。

4. 活动方法

(1) 6人为一组，每组一条船4把桨，6人可以轮换当划船手，每组的人员，男女大小要作适当的搭配，注意平衡，穿好救生衣；

(2) 整队，辅导员讲解、示范划船要求、方法，重点是指导学生如何握桨以及船向前、后、左、右变向的技法；

(3) 辅导员巡视，提醒学生注意安全。

5. 活动要求

(1) 每条船乘员不得超过6人；

(2) 学生上下船必须等码头工作人员或辅导员老师拉住船后方可进行，划船中途不得自行上、下船；

(3) 学生在船上不得站立或坐到船头，手不得放在船舷外侧或在河中戏水；

(4) 两船交汇、碰撞时，不得用手推对方的船，不得泼水、打水仗。

6. 活动总结

点评学生活动过程中的表现。

钓　鱼

1. 活动对象

小学三年级及以上。

2．活动时间

1～3天。

3．活动目的

初步了解钓鱼的一些常识；愉悦身心，陶冶生活情趣；培养耐心、细心等良好的心理品质。

4．活动方法

（1）辅导员讲解并示范钓鱼活动的要求，介绍渔具各部分的名称和用处；（钓钩，是用来扎鱼饵和钩住鱼的，鱼咬钩被钓钩扎住后就很难跑掉了。坠子：能使扎着鱼饵的钩沉到水底，并使鱼钩不随水的流动而飘动。浮标：在鱼线的中间，可以上下移动，下钩的时候先要测量水深，再把浮标上下移动，把它的高度调整到刚好露出水面，这样，鱼如果上钩浮标就会向下动，我们再起钩，就能钓到鱼。）

（2）钓鱼时选择下钩的地方要背风，水面的深度要适中，移动时，手要拿住鱼钩，以免鱼钩钩住同学的头发等部位，要注意岸边安全，小心滑倒。

5．活动要求

（1）学生必须在规定的水域范围进行钓鱼活动；

（2）注意安全，钓鱼时应专心、耐心，不大声说话，不要随意变动位置，要变动位置必须把鱼钩拿住；

（3）辅导员要巡视、观察，做好指导和保护工作。

6．活动总结

（1）收好鱼竿，清点有无丢失和损坏；

（2）看哪组学生钓鱼最多，评出钓鱼能手；

（3）总结活动中表现认真、细致、有耐心的人，表扬表现好的学生，指出班级表现的不足之处，提出希望。

迷　宫

1．活动对象

小学三年级及以上。

2．活动时间

1～3天。

3．活动目的

通过活动增强学生间团结互助的优良作风，充分表现学生机智、活泼、好动的个性。

4．活动方法

（1）按学生人数、活动时间确定活动形式；

（看：进入迷宫后，眼观四路，找出一个个进入迷宫的活口；记：进入迷宫后，牢记曾走过的路，特别是走过的死路，不要重复。）

（2）分组进行活动，至少2人一组。

5．活动要求

（1）了解迷宫地形：两个入口一个出口；

（2）进入迷宫后要镇定自若、机灵、动脑。

6．活动总结

表扬最先走出迷宫的学生，让他（她）和大家讲讲取胜之道。

九子游戏

1．活动对象

小学三年级及以上。

2．活动时间

1~3天。

3．活动目的

（1）通过活动使学生了解传统弄堂游戏，感知游戏规则，体验游戏快乐；

（2）在游戏活动中引导学生自主学习、自主锻炼、自主创新；

（3）在多元参与中提高学生的自主交流、合作竞争等互动意识与能力，培养健康的人格；

（4）锻炼学生的灵活性、协调性，促进学生的智力发展。

4．活动方法

（1）教师讲解示范。

a．"造房子"：学生在画好图形的场地上进行游戏。第一次先把米结子扔进一号方框，然后跳过一号方框双脚落入二号、三号方框里，依次向前跳，跳到一端结束后，跳起转身再依次跳回。跳回来时要跃入二号方框捡起一号方框里的米结子，然后把米结子依次扔向后面的方框里，按照如上的方法进行游戏，直到最后方框，全部扔完，再把米结子扔到圆弧里。学生跳到最后一定要跳起转身落地后背对米结子去捡，捡到后依次跳回，游戏结束。

b. "滚圈子"：

动：快速变变变　　　学：推推滚起来
找：铁棒动起来　　　练：遇到小问题
帮：发现好方法　　　比：看谁滚得好

c. "打弹子"：两人以上就可开玩，玩的人各出数枚，输者得丧失对弹珠的所有权。玩法通常有"出纲"或"打老虎洞"。

"出纲"：在地上划线为界，谁的弹珠被打出去就输。

"打老虎洞"：在地上挖出 5 个坑，谁先打完 5 个洞就变老虎，然后打着谁，就把谁的弹珠吃掉。游戏时，在地上共挖 6 个拳头大小的坑，前 5 个坑每隔 1 米一个，最后一个坑约隔 2 米，称为"主坑"。从第一个坑外 1 米处向第一坑中弹珠，珠落入坑中继续下一个坑中弹珠，不中则轮换，一人一次，同一珠连进 5 坑后再进主坑，出来后称为"主球"，"主球"可杀任意对方弹珠，被弹中的珠子算败，其他珠亦可弹中主球，需连击 3 次称为"攻主球"，而后成为新的"主球"，再继续射杀其他弹珠，最后剩下的弹珠为赢。

d. "扯铃子"：把铃子放在地上用抖绳抖住铃子，从右向左顺势提起，右手抖左手送，保持铃子和身体垂直，达到一定速度后，铃子就会在线上平稳地旋转了。

e. "套圈子"：在规定场地内，学生每人 10 个圈，投 10 次，中一个得一分。

f. "拉绳子"：学生两两组合，各拉绳子的一头，一头绕在腰上，站在固定位置上，双脚与肩同宽，裁判一声令下，选手使用放、收、停、顿等方法，灵活机动地使用绳子，想办法将对方拉动，而自己不动。

g. "掼结子"：学生自由组合，人数不限。学生在比赛前根据自己的情况选择两种方式之一种，如抛接结子翻 6 个骨牌找 4 个骨牌。①为横式、②为竖式、③为反面向上、④为正面向上。学生将骨牌随意抛投后散落桌面，然后将手中的结子抛向空中，依次完成①②③④四式，最后将骨牌全部抓于手中，活动结束。

h. "抽陀子"：在一根棍后绑上绳子，转动手中的陀子甩在地上，使它在地上转动，而后不停抽陀子的下部，使它不停地转动而不停下来；也可两个陀螺互相碰撞。

I. "跳筋子"：学生人数多时可分为两队，各队各派 2 名学生拉筋子，依次从脚跟、膝盖、腰部、肩膀、头端依次往返的顺序，分若干级进行比赛，边跳边念儿歌"马兰花马兰花风吹雨打都不怕"。

（2）学生分组活动。

老师巡视指导。

5. 活动要求

（1）"造房子"：捡米结子时一定要单脚落地去捡，脚一定要跳在方框里，转身捡米结子时不能回头看；

（2）"滚圈子"：滚圈时不得用手接触铁环，铁环落地则由选手扶起继续活动，但需扣掉相应分数；

（3）"打弹子"：一手撑地一手贴地，手心向上，拇指和食指掐住弹珠，连挤带拨将弹珠弹出去；

（4）"扯铃子"：身体自然放松，双手呈握拳状握住抖杆，食指不能搭在抖杆上，右手在抖杆时手腕外翻，手背面向练习者面部抬到齐眉的高度即可；

（5）"套圈子"：在规定时间内套中多为胜，学生脚踏线或超过线为犯规，投中也无效；

（6）"拉绳子"：学生必须站在规定位置上，双脚不能移动，移动者为输，每组获胜者进入下一轮；

（7）"掼结子"：若骨牌掉在地上可重新投掷，在抛接过程中，若未能完成①②两式即可算输，换人继续；

（8）"抽陀子"：必须使陀子在地上转动起来才能抽打，陀子停下来不转即可为输，对撞的陀螺，被撞停下的就为输；

（9）"跳筋子"：学生按统一规定的节奏动作进行，在统一高度按要求完成若干动作，未完成为输，交换继续。

6. 活动总结

学生讨论游戏心情和感受。

野　营

1．活动对象

小学三年级及以上。

2．活动时间

1～3 天。

3．活动目的

掌握搭帐篷、系吊床、踩高跷的技能；愉悦身心，陶冶生活情趣；培养野外生存能力。

4．活动方法

（1）分组，每班学生分成若干组，每组一顶帐篷、两张气垫床，若干副吊床及高跷；

（2）选择野营地，在浏岛风景区内挑选一片整洁的树林开展活动；

（3）分工安置活动器材，每组四名学生搭帐篷、四名学生吹气垫床，其余学生系吊床；

（4）辅导员分别示范系吊床及踩高跷，指导学生搭帐篷。

5．活动要求

（1）全体参加活动的学生必须在规定的林间开展活动；

（2）在活动中开展互帮互学，玩吊床时摇摆的幅度不要太大，小心摔下，检查绳子是否系牢；高跷活动时注意平衡，两手紧抓高跷，把高跷夹在胳膊中，脚踩在高跷上，手提高跷向前行走，刚开始可由两人保护走。

6．活动总结

对学生活动表现进行点评。

野　炊

1．活动对象

小学三年级及以上。

2．活动时间

1～3 天。

3. 活动目的

通过活动使学生从小养成爱劳动的好习惯；让学生学会包馄饨，养成团结协作的精神；学会在野外进行点火煮食，增强野外生存能力；让学生品尝自己的劳动成果。

4. 活动方法

（1）活动准备。

a. 按组分好馄饨皮和馅及筷子、饭盆等；

b. 按组分配野炊工具和柴木；

c. 让厨房烧好鲜汤。

（2）活动形式。

分成若干个野炊小组，以小组为单位进行比赛活动，每组抽部分学生拿工具，准备煮馄饨的水，其余学生包馄饨。

（3）活动指导。

a. 指导包馄饨，每个馄饨的馅不能放得太多；

b. 指导灶具安置灶口的方向要根据风向来定；

c. 必须把水烧开后，才能下馄饨。

5. 活动要求

（1）每组的每位学生必须按分工做好自己的工作；

（2）包馄饨的学生要注意卫生，做好个人清洁卫生工作；

（3）烧火和煮食的学生要注意不被火和开水烫伤；

（4）灶具必须安置在空地上，不得靠近房屋、柴木堆等；

（5）活动结束时各组要把火浇灭，做好野炊场地的清洁整理工作，把工具收集好后，归还营地。

6. 活动总结

（1）分别评出包馄饨、点火、煮熟馄饨、清洁卫生等优胜小组并予以表彰；

（2）指导、督促学生收集好野炊工具，检查有无丢失和损坏；

（3）检查野炊场地的灭火和清洁情况，对学生活动表现进行点评，做好结束工作。

野炊比赛烧菜

1. 活动对象

初中、高中学生。

2. 活动时间

1~3 天。

3. 活动目的

通过活动使学生从小养成爱劳动的习惯；学会烧菜的基本技能，在活动中培养团结协作的集体观念；学会在野外点火煮食，增强野外生存能力；让学生品尝自己的劳动成果，享受劳动的快乐。

4. 活动方法

（1）准备活动。

a. 按组分好相同的副食品、加工工具和其他用料及干净的水；

b. 按组分配野炊工具和柴木；

c. 米饭由厨房烧好送到野炊点。

（2）活动形式。

a. 分成若干个野炊小组，以小组为单位进行竞赛活动；每组抽部分学生领工具、柴木和水，其余学生领好副食品后进行整理加工；各组可根据自己的实际决定本组烧菜的种类和给菜起一个有特色的名称；每组选出烧好的两菜一汤参加评比；

b. 评比内容：菜名，菜的色、香、味情况；

c. 评比由双方辅导员共同进行打分评比。

5. 活动要求

（1）每组的每位学生必须按分工做好自己的工作，并注意协作；

（2）整理生菜的学生要注意个人和食品的卫生；

（3）烧火和炒菜的学生要注意不被火和开水烫伤；

（4）灶具必须安置在空地上，不得靠近房屋和柴木堆；

（5）活动结束时要把火浇灭，做好野炊场地的清洁整理工作，把工具收集好后，归还营地。

6．活动总结

（1）分别评出菜色、香、味俱佳的优胜小组；评价团结协作，清洁卫生优胜小组；予以表彰；

（2）指导、督促收集好野炊工具，检查有无丢失和损坏。

夜间军事游戏

1．活动对象

初中、高中学生。

2．活动时间

1～3 天。

3．活动目的

通过活动进一步锻炼学生机智、勇敢的心理素质和集体主义思想；通过紧急集合后的宿舍检查评比活动，检查学生生活自理能力的掌握程度。

4．活动方法

（1）活动准备。

在东西两片树林里各架设一顶帐篷，帐篷里按小队放置不同的"情报"；在东西两条通向树林的小路上设置好路标；每顶帐篷的树林外面各由两名辅导员守候，配备一定数量的手电筒。

（2）活动形式：分两个阶段。

第一阶段：紧急集合。

晚上 10：00 左右，当全体学生都已入睡时，营地辅导员发紧急集合令，全体师生穿衣起床到宿舍前集合，各中队点名，向辅导员报告集合情况。

检查、评比：由营地和入营单位辅导员检查学生穿着情况，检查各寝室的内务情况，分别评出前三名予以表扬。

第二阶段：识路标，派"小侦查员"。

寻找缴获物。

全体学生分成若干小队，以小队为单位，单号队向东，双号队向西。

每隔 5 分钟放行 2 个小队（东西各一），各队必须沿途集体寻找，识路标，并按路标指示方向前进，到达指定地点后，每队选派 2 名勇敢的"小侦查员"到树林里寻找帐篷和指定的"情报"。

各队出发和到达指定地点的时间必须做好记录（由辅导员负责），以做评比之用。

2 名"小侦查员"在树林里寻找帐篷时不得亮手电，必须在找到帐篷并进入后方可打开手电筒，以免暴露目标。

5．活动要求

（1）各小队必须配备一名辅导员随队前进；

（2）全体队员必须遵守纪律，不得离队乱闯；

（3）在行进过程和寻找路标时，不得进入庄稼地；

（4）春夏有蛇的季节进行夜间军事活动时，队员不得擅入杂草丛生的地方；

（5）各小队在离开树林回营地前，带队辅导员必须查点队员人数。

6．活动总结

（1）检查收集活动的各种器材；

（2）表彰紧急集合中优胜的中队和寝室；

（3）评出行军前三名优胜小队，予以表彰；

（4）表彰各小队勇敢的"小侦查员"。

写　家　信

1．活动对象

初中、高中学生。

2．活动时间

1～3 天。

3．活动目的

当今的中小学生离开父母过群体生活的机会极少，因而写家信活动不但可沟通父母与子女间的感情，同时又锻炼了学生的写作能力，并及时向家长反馈了营地的教育信息，为营地、学校、家庭在教育上紧密配合创造了非常有利的条件。

4．活动过程

（1）开好入营前的家长会，使家长明白写家信的目的和意义；

（2）要求家长提前 1～2 天给学生发出信件，并对学生保密；

（3）接到信件时召开主题班会，交流家长对子女殷切的期望和深厚的感情，激励学生奋发向上；

（4）要求学生给家长写回信，汇报自己在营地的活动情况及收获。

为了丰富队员的业余生活，让队员有一个轻松舒适的环境，营地还设置了一些既能活跃队员身心健康，又能充分展示队员才华的智力游艺活动、阅览活动、棋类、乒乓球、哈哈镜、电视、卡拉 OK、录像活动、营火瓜果晚会等，为学生良好个性的形成提供了有利的条件。

自然探秘课程系列

一、指导思想

《科学课程标准》中指出，以培育学生科学素质为宗旨，积极倡导让学生亲身经历以探究为主的学习活动，培养他们的好奇心和探究欲，发展他们对科学本质的理解，使他们学会探究解决问题的策略，为他们终身学习和生活打好基础。

1. 让大自然体验成为深化责任情感的乐章

大自然奥妙无穷，有时温顺，有时暴躁，有时美丽，有时荒凉。倘若能够掌握它的脾性，它将为我们所用，假如不懂得加以保护，它就会惩罚人类。浏河营地组织队员开展大自然探秘、远足、野营、旅游等活动，体验大自然的情感。春天到来的时候，让队员观察树叶发芽、吐绿的现象；夏天到来的时候，让队员记录小蝌蚪变成一只小青蛙的经历；秋天到来的时候，让队员观察树叶由绿到黄、叶落归根的变化；冬天到来的时候，让队员去寻找冬眠的小动物。队员们只有不断接受大自然、体验大自然，热爱大自然的情感才能不断增长。

通过"感悟大自然"环保知识演讲比赛、"欣赏大自然"绘画展览、"热爱大自然"写作竞赛等活动，组织队员交流自己的体验成果，把体验经历和收获写下来、画下来、制作下来，深化责任情感。

通过各种主题活动，培养队员热爱大自然的情感，让学生懂得环境保护的重要性，充分感受自然界的和谐与美好，自觉地保护环境，改善环境，培养起热爱生活、保护环境的强烈责任感。

2. 在实践活动中发展学生的探究能力

自然探秘课程强调主动参与"用丰富多彩的亲历活动充实活动过程"，在活动时，应注意鼓励学生进行科学探究活动，理解科学探究过程，而不要强调探究的结果或水平。例如在"认识浏岛珍贵树木"课程中，不应只追求学生对大树的知识究竟知道多少，而应让学生通过活动体会和领悟什么是"观察"，"观察"和"看"有什么不同，引导学生确定观察内容和充分利用各种感官进行观察，学习如何收集信息，如何交流汇报。学生在活动中通过看、闻、摸、听等多种方式全身心地感受和体验；用测量的方式知道大树的粗、细、高、矮等有关信息；用文字、图画、采集标本等方法记录收集到的信息；用形象的语言和动作向大家描述大树。这些活动不仅使学生对自己观察的大树有了直接的认识，对科学探究活动的过程和方法有了一定的了解，也培养了他们的观察能力和对科学的兴趣，探究能力也就在这样的活动中逐渐形成。

二、课程目标

自然探秘活动的总目标是密切学生与生活的联系，推进学生对自然、社会和自我之间内在联系的整体认识与体验，发展学生的创新能力、实践能力以及良好的个性品质。具体如下。

1. 通过开展活动，培养学生对社会生活的积极态度和参与自然探秘活动的兴趣。

2. 了解信息技术、劳动技术和探究活动的一些常识，使学生具有基本的生活自理能力、交往协作能力、观察分析能力、动手实践能力以及对知识的综合运用能力和创新能力。

3. 初步掌握参与社会实践与调查、搜集信息资料、分析与处理、研究探索和实验实证的方法；获得亲身参与综合实践活动的积极体验和丰富的经验。

4. 完善人格，初步养成合作、分享、积极进取等良好的个性品质，形成对自然的关爱和对社会、对自我的责任感。

5. 接触自然，欣赏自然世界，感受大自然的美，激发热爱自然的情感；知道人与自然的密切关系，形成保护自然的意识。

6. 能自主提出问题，制定活动方案，并尝试探究，体验探究过程，获得经验的积累，注重资料的积累与成果的收集。

7. 能对感兴趣的自然问题、社会问题和自我问题进行深度探究，提出解决问题的策略，培养解决问题的能力。

在开展这一活动时，考虑到这一课程所具有的特殊性，浏河营地充分利用大自然这一不可多得的大课堂，准确地把握各种有利的教育契机，较好地引导学生进行探究活动。在认识提高的过程中，在情感激发的过程中，在行为发生的过程中，体验探究活动是载体，学生将在体验探究中理解，在体验探究中接纳，在体验探究中习成，在体验探究中不断成长。

三、课程内容

参观砖窑厂

1. 适合学段

小学五年级至初二学生。

2. 资源配合

（1）与附近砖窑厂取得联系；

（2）准备制砖流程图片；

（3）准备照相机；

（4）通过上网、上图书馆查资料等方法，发动学生搜集上海砖瓦厂生产的历史、制砖流程、砖的种类，等等；

（5）设计好各类调查问卷；

（6）外出安全教育及参观、访谈、体验前的准备工作（了解在参观、访问前要做的准备工作、了解基本的安全常识及紧急事件的处理方法）。

3. 活动目标

（1）认识砖窑，了解制砖流程的各种步骤；

（2）介绍上海地区制砖产业的盛衰，了解砖窑的过去与现在；

（3）了解传统砖窑的危害性，增强学生的环保意识，培养学生的社会责任感；

（4）通过互联网、图书馆、人际交往、参观访问、亲身体验等多种渠道培养获取信息和处理信息能力，提高社会活动能力和表达能力。

4. 活动过程

☆宣传历史，激发学生的兴趣。

营地辅导员向学生介绍有关砖窑厂的历史知识。（小朋友你知道"秦砖汉瓦"的意思吗？早在2000多年前我们的老祖先们便开始制砖砌屋，砖瓦工业的发展与经济有着密不可分的关系。）

☆参观砖窑。

以窑厂破旧的外部形象、恶劣的生产环境及落后的生产流程引发队员思考产生如此状况的原因，并体会烧窑工厂高温操作的艰苦，促使队员在心底呼唤现代化、呼唤发展。

（1）带领学生从营地走到窑厂，先观察窑厂周围附近环境。

a. 运用旧照片了解砖窑厂成立前的自然环境景观；

b. 观察砖窑厂成立后环境的改变并做好观察记录。

（2）进入窑厂做内部观察（由窑厂工作人员导览整个窑厂）。

a. 听一听窑厂发出的各种声音，闻一闻窑厂附近的气味，听工作人员介绍，比较砖窑厂设立前与设立后的空气环境的改变；

b. 看一看窑厂各种机器及设备，感受窑厂内温度变化，学习运用合适的语言来表达自己所见到的感受和想法。

（3）了解砖窑厂的历史。

a. 由窑厂工作人员介绍隧道窑的历史背景、主要结构以及以原料（土、燃料）取向而兴起的砖窑文化发展过程；

b. 了解早期窑厂兴盛情况以及目前砖窑厂的经营情况；

c. 说明现在砖窑厂没落的原因（主要有新建材的使用、空气污染防治法实施的冲击、环保意识的觉醒和建筑法规的制定等）。

（4）实际参观砖厂的制作流程。

a. 砖的制造历程。

砖的生产流程大抵为：练土→成形→阴干→入窑→窑烧→封窑→冷却→出窑，具体步骤概括如下。

练土：将黏土放入练土机中搅拌，至土料匀称，水分适中，软硬适度，于挤压成型的泥团为止；

成型：练土机的泥团经抽出泥团中的空气后，通过挤压器形成板状长片板，经过切条器或压模器加工后，成为砖瓦的泥坯；

阴干：将泥坯送至阴干室排放阴干，以20~30天为宜才可入窑，坯体太湿则难以烧成，太干则烧成的颜色太淡；

入窑：将砖瓦生坯堆满窑内，堆积的形式要能引导火焰烧透坯体，且坯

体的堆积必须稳固;

窑烧:入窑完成,在砌筑窑门上半时,即可烧火,先以大木头烧 10 多日,第 2 阶段烧细小木条 5~7 日,然后再以粗糠常烧 22~25 日,夜以继日不能中断方可完成;

封窑:封窑包括嵌筒与封口,嵌筒也就是调火,以避免火焰燃烧的程度不一,而使得窑内坯体的烧熟程度不同;嵌筒之后,再烧 4~5 天便停火,而后密封窑口,只留一小孔以宣溢过多热气;

冷却:封窑第 2 天起,将小孔加大,第 3 天开虎头孔,第 4 天起逐日取下 1~2 块窑门的砖块,15 日后才能出窑,但仍有余温,完全冷却则需 30 天;

出窑:自窑内搬出砖瓦,并不需特别的技术,但有时为了赶工,在窑温仍未冷却时即入窑抢搬,酷热难当。

b. 砖的种类。

砖的种类非常多,其中在砖窑最常见的砖就是砖窑以前生产的红砖。此外,常见的砖有:围墙砖、陶砖、地壁砖、玻璃砖、瓷砖、饰面砖、地砖、壁砖、外墙砖、庭园砖,等等。

c. 砖的运用。

常见红砖以红砖黏土制作、低温素烧而成,在传统民居中极广,砌墙、铺地、窗棂、屋瓦等,其中窗棂的运用上,更因雕刻形式不同,赋予艺术欣赏价值。

☆回营群组讨论汇报。

(1)砖窑的污染。

a. 砖窑业之空气污染来源主要为:烧成阶段所产生的粒状物、硫氧化物、氮氧化物、氟化物,原料处理(储存、粉碎、干燥等程序)阶段所逸散的粒状物,这些空气污染物对人体、植物都会产生不良影响;

b. 毁坏了大量的耕地,破坏生态,污染环境;

c. 浪费了大量的能源。

(2)窑厂业的困境。

如今砖窑业限于严重困境,主要困境有三:相关产业的取代、环境保护的处理以及现代建筑型能转变。

☆注意事项。

(1)指导学生用照相或录音做记录;

（2）对学生进行有关的安全教育，特别要强调遵守纪律，服从管理，听从指挥；

（3）在参观制砖车间，过狭窄过道时提醒学生注意脚下，防止跌倒；

（4）参观制砖机器时，提醒学生千万不能伸手乱摸，否则一不小心手会被卷进运输带；

（5）让学生远离路边堆着的高高的砖垛，不能随便乱碰，当心砖垛突然倒塌压伤人；

（6）进入正在拆砖的窑洞，提醒学生不能乱摸，防止烫伤；

（7）窑顶行走时提醒学生当心脚下圆孔，防止踩空扭伤或烫伤。

浏河、长江口观潮

1. 适合学段

小学高年级和初中学生。

2. 资源配合

（1）通过上网、上图书馆、实地考察等方法，深入了解潮文化；如，何谓潮汐？潮汐是如何形成的？何谓潮汐能？潮汐和潮汐能的区别是什么？等等；

（2）事先考察选好便于学生开展活动的干净、安全的海滩；

（3）学生自己准备好堆沙用的工具盒，装螃蟹和贝壳用的工具；

（4）事先了解各阶段的潮汐日，以利于安排组织学生开展活动；

（5）将调查所获得的部分成果制作成课件。

3. 活动目标

（1）了解长江口潮汐雄伟壮观的景象，激起积极向上、勇于拼搏的思想感情；

（2）通过观看长江口的自然景色，感受自然美，激发热爱祖国大好山河的思想感情；

（3）通过活动，对潮汐形成直观的了解，能发挥想象，有条理地描述江潮来时的情景；

（4）在活动中培养学生的实践能力，激发学生热爱家乡的热情。

4. 活动过程

☆激发兴趣，初步感知形象美。

让孩子灵性成长

[引言] 同学们，大自然奥妙无穷，她可以点悟人的灵性，激发人的活力。同学们想不想与大自然来一次亲密接触啊？人与自然亲近的方式有两种：一种是我们直接投入其中，身临其境，与之同呼吸共命运；另一种是通过阅读名人大家的文章间接感受自然美，接受自然的恩惠。不知同学们是否去过什么地方看过潮汐？没去过的同学别遗憾。现在就让我们与长江口大潮来一次亲密接触，感受一下长江涌潮吧！

☆亲密接触、分享调查情况。

（1）涨潮前在安全、干净的沙滩进行堆沙活动。

苏东坡说过，"八月十八潮，壮观天下无。"潮到底壮观在哪里？让我们深入了解长江口的潮文化。先让大家观赏长江潮的壮观景象，我们边堆沙边静候潮水的到来。（海滩边堆沙时，教师密切关注潮水动静，在涨潮之前，提醒学生撤离到安全地带）

（2）涨潮时静静地坐在沙滩旁观潮。

a. 静静地坐在沙滩旁观潮起潮落。

发现问题。引导学生在观潮时，结合事先通过查阅和调查得到的有关资料，自主发现问题，对"海潮的成因"这一问题进行系统分析研究，并作过程记录。然后对这些问题进行选择、归纳，整理出若干具有研究价值但又难度适当的小课题，如探索海潮的奥秘，寻找观潮日，潮汐能探究等。

b. 分享调查情况。

各小组讨论、交流。

学生就海潮的成因畅谈自己的想法，大胆提出假设——"海潮与风有关""海潮与月球有关""海潮与地球引力有关"，等等；鼓励各组间提出不同看法；抛出讨论、交流中出现的新问题，能解决的当场解决，不能解决的留待课后继续探索。

☆注意事项。

（1）注意安全，听从领队的安排，遵守团队纪律，集体行动，发扬团队协作精神，倡导自助与必要的互助相结合的户外理念，不擅自离开活动路线，违反纪律，后果自负；

（2）热爱、亲近、回归自然，就要更好地爱护自然，不带一次性用品，全部垃圾都应妥善处理，养成环保习惯；

（3）在户外活动中，无论何时、何地、何事严禁单独行动，离开集体活动至少要有 1～2 人同行，而且必须告知领队。

我与树木做朋友
——认识浏岛珍贵树木

1. 适合学段

小学高年级和初中学生。

2. 资源配合

（1）通过上网、去图书馆查资料等方法，发动学生搜集、认识日常生活中树木的特征、生活习性，会辨认生活中常见树木；

（2）营地附近的各种植物资源；

（3）营地图书馆和联网电脑；

（4）事先准备好各种树木叶子、叶脉书签以及介绍各种珍贵树木的相关材料，制成课件。（如，介绍银杏树、叶子及银杏果的图片，叶子的药用价值，果的食用价值等影像资料）

3. 活动目标

（1）认识身边的树木及其形态特征；

（2）通过活动、认识、研究、讲解、讨论等方式，培养学生对树木的兴趣，了解树木的研究方法和途径，体会人与树木相互依存的关系，养成爱树、护树的良好行为习惯，增进对大自然的热爱，开阔眼界；

（3）培养学生利用科学书籍查阅知识的动手能力和社会实践活动能力，增长学生的植物知识；

（4）增强学生的环境意识，树立良好的环境道德观和价值观，培养学生的合作精神；

（5）激发学生热爱自然的欲望，懂得欣赏自然美；

（6）通过参观、动手制作叶脉书签提高动手操作及创新的能力。

4. 活动过程

☆认识身边的树木。

（1）组织学生观察营地周围的各种树木，观察其形状、开花情况、叶子的形状等；

（2）让学生选择一种自己喜欢的植物，分小组进行仔细观察。

（提示：观察校园里的植物时，适时提示学生"怎样才能仔细地认识这些花草树木"，使学生能够自主运用多种感官去认识它们的外部形态特征。）

☆认识树木的叶子。

（1）学生展示采集到的叶子，小组内交流，各小组选一代表在班内发言；

（2）学生讨论在生活中见过的树木的叶子；

（3）学生把平时的所见（在植物园、公园里所见到的树木照片或图片）向同学们描述、展示。

☆延伸话题：谈论树木叶子的作用。

你知道树木的叶子有哪些作用吗？请你说出一种来。

例如美观、吸收水分、光合作用，银杏叶有药用作用，桂花树叶是制作叶脉书签最好的材料，等等。

让学生更进一步地了解每种树木的特点，学会初步的表达能力；让学生初步具有搜集信息的能力。

（提示：在研究叶子的作用时，可以让学生多角度思考。）

☆生成新问题。

教师：通过各组汇报，使我们认识了身边的许多树木，树木和我们人类密不可分，它们为我们做了许多好事，你们知道吗？

涵养水源，保护水土流失，净化空气，调节气候，减少噪音，制造氧气。（了解树木对人类的益处）

☆升华。

教师：树木把我们当做好朋友，为我们做了这很多事情，我们该为它们——我们的朋友，树木做些什么呢？

（1）不践踏树木，不摇小树；

（2）不在树上晾衣物；

（3）不爬树，在冬天为小树穿衣服；

（4）做成标识卡，把朋友的生活习性介绍给他人，成为大家的朋友；

（5）以小组为单位，认领一棵树，作为小组的岗位，定期浇水，捡拾它周围的废物。

☆制作叶脉书签。

☆利用蜡烛油和参观、认识树林时捡的枯树枝，手工制作腊梅花。

走进水的世界

1．适合学段

小学四年级、五年级学生。

2．资源配合

（1）准备相关课件（水的三态变化、自然界中的水循环、水的污染和净化等内容）；

（2）课前学生通过各种途径收集"地球上到处都有水"的资料与信息，知道水存在于我们周围；

（3）事先联系嘉定自来水厂，让学生参观污水处理情况，知道未经处理的污水排到环境中对环境的危害；

（4）联系宝钢水库。

3．活动目标

（1）初步了解水有三态，气态的水是水蒸气，固态的水是冰；知道自然界水循环现象，探究其形成原因；让学生感悟大自然的神奇以及学习科学的重要性；

（2）初步知道水循环与人类生产生活的关系，通过活动，让学生体验水的重要性，生命离不开水；

（3）初步知道水循环是形成各种常见天气现象的原因；

（4）初步了解导致水污染的原因，理解后果的严重性，初步知道净化水的简单方法；

（5）通过学习培养学生保护环境的科学意识；

（6）初步认识到人们认识自然，改造自然的能力随着科技的发展在不断加强。

重点：认识自然界水循环现象及其与人类生产生活、常见天气现象的关系；体验水的重要性，生命离不开水。

难点：了解净化水的方法

4．活动过程

复习巩固

通过课件展示，引导学生复习水的三态变化，再现自然界里的水循环。

（描述冰的特点以及冰是怎样形成的；解释冬天窗玻璃上出现小水珠和冰花的现象；交流解释夏天冷饮融化的现象；说说大自然中云、雨、雪的成因。）

师生互动，找水

（1）到处都有水。

交流：课前学生自己收集到的有水的图片资料；观察：生物体内含水量多少的投影片；讨论：图中一些生物体内含水量的多少。（教师课前要帮助学生通过各种途径，获取有关的资料与信息，如通过观察、调查直接获取资料，通过图书、网站间接获取资料，要指导学生运用多种方法找到水，让学生知道水是生物体所不可缺少的；教师在交流时注意适当引导，让更多的学生充分发表自己的观点和想法）

（2）地球表面的水资源。

地球表面大部分被水覆盖，这些水以什么形态存在？我们用得最多的是怎样的水？

学生运用收集的资料进行讨论、交流。

教师提问：为什么说在表面结冰对池塘中的生物来说非常重要？为什么淡水是宝贵的？

有一句诗："君不见黄河之水天上来，奔流到海不复回。"说明奔流不息的黄河成为中华民族辉煌的文明，炎黄子孙的精血之髓。但现在黄河出现了断流，这是什么原因呢？

学生讨论，交流

人工用水过多导致中下游断流不同，黄河源区缺水主因是过度放牧破坏了植被，导致气候恶化连年干旱，鼠害亦由此猖獗，生态环境日趋恶劣。

亲近自然、亲身体验

（1）水的用处。

a. 实地参观宝钢水库（了解人类如何利用水资源造福人类）；

b. 为了增加学生的兴趣，让学生有亲近大自然的机会，可以在潮汐时让学生到长江口观潮，在沙滩上抓螃蟹、捡贝壳、堆沙。

小组讨论交流

问：生活中、生产中哪些地方用到水？想一些节约用水的措施。

通过交流和举例说明，让学生知道我们生产、生活离不开水，要节约用水；引发学生想一些实际、操作性强的节水方法，让学生养成"节约用水从我做起"的好习惯。

（2）水的污染与净化。

通过参观嘉定自来水厂，让学生实地调查污水处理的情况，了解污水处理的过程，知道未经处理的污水排到环境中对环境的危害。

活动一：调查哪些行为会污染自然界的水

活动二：了解自来水的净化过程

学生谈论、交流。

问：什么是污水？污水来自哪里？

学生讨论

看图或录像——未经处理的水排放到河里

问：污水的危害到底有多大？

学生汇报污水对环境的影响。

小结：污水不处理直接排放到河中对环境的影响很大。通过活动，让学生树立保护水资源，保护环境的意识。

（3）为提高气氛进行诗歌接力赛。

附：诗歌 因为有了你……

因为有你，青山变得翠绿；因为有你，鸟儿齐声高唱

因为有你，小树苗壮成长；因为有你，池塘中生机勃勃

因为有你，麦田一片金黄；因为有你，向日葵绽开了笑脸

因为有你，玉米长得棒棒；因为有你，小草变得嫩绿

因为有你，鱼儿游得欢畅；因为有你，公园里五彩缤纷

评 析

本课程以"走进水的世界"为主题，在巩固、复习水的三态变化，自然界中的水循环的基础上，探究水循环与人类生活生产、常见天气现象的关系，最后引申到水源的保护上，从而树立学生保护水源保护环境的意识。

通过这些探究活动，学生的观察、比较、交流、合作、探究等能力得到了培养。

同时在活动中激发了学生对自然事物的探究兴趣，培养了学生乐于尝试探究活动的科学态度和与同伴交流合作的精神。

让孩子灵性成长

注意事项

（1）注意安全，听从领队的安排，遵守团队纪律，集体行动，发扬团队协作精神，倡导自助与必要的互助相结合的户外理念，不擅自离开活动路线，违反纪律后果自负；

（2）热爱、亲近、回归自然，就要更好地爱护自然，不带一次性用品，全部垃圾都应妥善处理，养成环保习惯；

（3）在户外活动中，无论何时、何地、何事严禁单独行动，离开集体活动至少有1~2人同行，而且必须告知领队。

辛劳的蚂蚁

1．适合学段

幼儿园小朋友、小学低年级学生。

2．资源配合

（1）搜集有关资料，了解有关蚂蚁的知识，如形、色、生活习性等；

（2）做好以蚂蚁为内容的课件；

（3）准备食糖、饼干等食物，寻找营地周围蚂蚁容易聚集的林间，引出并观察蚂蚁。

3．活动目标

（1）认识、了解蚂蚁的外形、结构特征及动态的表现，获取关于蚂蚁的各种知识；

（2）树立集体意识，培养学生团结协作精神；

（3）培养学生热爱生活的情感；

（4）激发学生对昆虫世界的探究兴趣，热爱大自然中的各种小动物。

重点：获取关于蚂蚁的各种知识，了解蚂蚁搬运食物的情形及其特征特点。

难点：活动中德育的渗透和团结合作的体会、运用。

4．活动过程

谈话导入，激发兴趣

师：我知道同学们非常喜欢探索大自然的奥秘，尤其是喜欢研究大自然中各种各样的小动物。那么今天，我们就一起来研究一种小动物——蚂蚁，好不好？

别看这小小的蚂蚁，它们的生存历史竟然比我们人类的历史还要漫长，而且它们的种类繁多。到目前为止，就已经发现了 15 000 多种。关于它们的秘密那就更多了。

生生互动，交流展示

师：同学们，你们通过搜集资料一定对蚂蚁有了一些了解吧，愿意把你们了解到的知识介绍给同学们吗？这样吧，请同学们先在小组内交流，然后再向全班同学介绍好不好？（小组内交流自己搜集的资料）

师：哪些同学愿意把自己搜集的资料汇报给全班同学呢？（结合学生的汇报，穿插演示多媒体课件：蚂蚁世界）

生：我从《儿童知识宝典》这本书中了解到蚂蚁的家很大，而且分为很多小室。

师：老师也搜集了一段关于蚂蚁家族的资料片，让我们一同去参观一下蚂蚁的家。（演示多媒体课件——蚁巢的片段）

师：通过参观蚂蚁的家，你们对蚂蚁的家有哪些了解呢？

生：我知道了蚂蚁的家会建在树上、土中、石头下。

生：我知道了蚂蚁是集体生活的。

师：成千上万只蚂蚁组成一个大家庭，在这个大家庭里，每只蚂蚁都有专门的任务，它们共同劳动来维系这个大家庭。

创设情境，让学生亲身体验

师：大家对蚂蚁的知识了解还真不少。接下来我们就到蚂蚁的世界看看，到大自然中去找寻蚂蚁，看看蚂蚁在干什么？它想干什么？

［学生分成若干小组，带好事先准备好的食糖、饼干等食物，到树林中把食物放到蚁巢附近，以小组为单位观察蚂蚁是怎样搬运食物的，看看在观察蚂蚁时还会发现哪些有趣的现象。（组长把整个观察过程记录下来，小组内自己交流观察到的情况，用时 1～1.5 个小时）］

师：在有些人看来，小小的蚂蚁是那么的不起眼，可我们同学却认真仔细地观察了它们，并把观察到的现象都记录下来了，这一点很值得表扬。下面请第一小组的同学来说说，你在观察蚂蚁时发现了哪些有趣的现象？

生：我在观察蚂蚁时，看到两只蚂蚁见面后相互碰一碰触角，好像在说老兄我发现食物了，快告诉其他伙伴我们一起去搬运。

师：小蚂蚁相互碰触角是怎么一回事呢？让我们来看一看。（演示多媒体课件——蚂蚁传递信息的片段）

师：谁来说一说这是怎么回事呢？

……

生：我看到过蚂蚁成群结队搬家的情景。

师：蚂蚁搬家要下雨这是一种自然现象。（展示课件：蚂蚁搬家的场面）那蚂蚁为什么要搬家？它们是怎样搬家的呢？（抬、举、拖、拉、推、扛……）

师：说得好！蚂蚁们是真的很注重团结就是力量吧！好了！下面就请大家通过游戏，用蚂蚁搬家的精神来表现蚂蚁搬家的场面吧。你们每一组就是一家蚂蚁，你们身边的每一件东西呢，就是要搬的物品。雷响了！风来了！小蚂蚁们赶快搬家吧！（课件：电闪雷鸣的情景）

师：雷声停，小朋友们停，表演得真好！现在呀！还有哪位同学愿意说一说自己观察到的现象？

生：我看到过小蚂蚁打架。

师：小蚂蚁为什么会打架呢？哪位同学愿意说一说？

生：我从《昆虫知识》这本书中知道了蚂蚁为什么会打架。

师：蚂蚁还会打架多有趣呀！让我们来看一看这激烈的场面吧。（演示多媒体课件——蚂蚁打架的片段）

师：还有哪位同学愿意把自己搜集的资料汇报给大家呢？

生：我从《动物世界》里知道了关于蚂蚁的趣闻。

生：我从《生物小百科》里知道了蚂蚁从出生到长大要经历四个阶段：卵、幼虫、茧和成年蚂蚁。

生：我从《十万个为什么》里知道了蚂蚁的力气很大，它能举起比自己身体重很多的东西。

师：别看这小小的蚂蚁，居然能举起比自身重 52 倍的东西，所以人们称它为举重冠军哎。

生：我从《蚂蚁》这本书里知道了蚂蚁都吃什么。

师：蚂蚁在自然界中能清除大量动、植物污物，在生态平衡中起重要作用。所以，我们要爱护小蚂蚁，不要伤害它们。

生：我知道蚂蚁这个大家庭里有：蚁后、公蚁、工蚁、兵蚁。

师：让我们一起到蚂蚁的家去认识一下它们的家庭成员好吗？（演示多媒体课件——蚂蚁的家庭成员片段）

生：我从互联网上学到了很多关于蚂蚁的歌谣，我愿意说给同学们听。（学生到讲台前边朗诵边表演）

师：还有谁能说说关于蚂蚁的歌谣呢？（其他学生也来介绍自己搜集的歌谣）

师：这首歌谣真不错，能不能带我们全班同学说一遍呢？

……

生：我想给大家讲一个小蚂蚁的故事。

……

师：小蚂蚁们在生死关头能团结一心，为了群体的利益，不惜牺牲个体的精神是不是值得我们学习呢？你们还知道哪些关于蚂蚁的故事呢？

生：（讲述《蚂蚁与蝈蝈》的故事）

师：听了这个故事，你对蚂蚁的生活习性有了哪些了解？

生：通过他讲的这个故事我知道了：蚂蚁冬天都是在巢穴里度过的。

师：当日气温降到7℃以下时，小蚂蚁们就会钻到巢穴里不再出来，一直到来年春天。

知识拓展、自我感悟

师：同学们能从书中、互联网上、电视中，甚至于父母那获取到这么多关于小蚂蚁的知识，真是了不起。通过今天的观察，你怎样评价蚂蚁的辛劳？你的周围有没有像蚂蚁一样"辛劳"的人？在今后的学习和生活中，你认为还需不需要提倡和发扬勤奋、刻苦的"蚂蚁"精神？（学生自由发言）

师：今天我们观察了蚂蚁搬家，了解了团结的力量，并在观察、游戏的过程中运用了这种精神，希望大家能继续发扬，能把这种精神用到生活中去，希望同学们课后继续观察、搜集更多的资料，获取更多的知识。

评　析

在学生汇报自己搜集的资料时，穿插放映直观形象、生动新颖、图文并茂、视听结合的多媒体课件，不仅可以调动学生学习的兴趣，而且还为学生提供了直观的认知情境。

小组合作观察、学习，可以最大限度地为学生提供自主交流和倾听他人发言的机会，同时为学生提供了一个充分展示自我的舞台，也培养了学生听、说、交往和组织等方面的能力。

课前让学生多渠道搜集有关资料，课上让学生自主汇报自己搜集的资料，这样做不仅拓宽了学生学习的空间，丰富了教学内容，提高了学习质量，而且还可以培养学生搜集信息和处理信息的能力。

整个活动，学生在合作观察、学习、平等交流，愉快和谐的氛围中，不但获得新知，而且体验到一种成功的乐趣。

注意事项

（1）注意探究式教学方法的运用，通过活动的设置、作业方式的安排（集体观察、记录）考虑德育的暗示作用，让学生既获取知识，又陶冶性情，进一步完善人格。

（2）指导学生观察的方法，注意安全，防止发生安全事故。

生活技能课程系列

活动目标

（1）通过整理衣物用品，认真做好值日工作，让学生养成良好的行为习惯和劳动习惯。

（2）在烧烤活动中，提高环保意识，增强自我服务能力，体验活动乐趣。

（3）在团队协作中可以打破陌生感，提高自我展示，学会沟通。

"二日营"学生活动与作息安排

	第一天
10：00—10：30	到达营地，安排住宿，整理内务
10：45—11：00	营员按照班级整队，认识辅导老师
11：15—12：00	午餐

12：00—13：00	午休
13：00—15：45	营区内"挑战勇敢者道路"活动
16：00—17：00	洗澡
17：00—17：30	晚餐
18：00—19：30	团队展示（篝火晚会、生日晚会等主题晚会）
21：30	熄灯休息
	第二天
06：00—06：30	起床整理
06：30—07：00	由老师带领大家做操
07：00—07：30	吃早餐
07：30—8：00	归放物品
08：00—10：30	到达营区外进行野趣活动
10：40—12：00	烧烤活动
12：00—12：30	拿行李乘车离开营地返校

可以通过评比栏、发挥团队精神共同为寝室取名、走廊墙面、留言簿等创设寝室环境。

野外探险课程系列

一、课程思想

野外探险系列活动项目包括水上攀登、趣桥、荡索过河、高空铁索、铁索桥、浮桶、木筏漂流、蜻蜓点水、水上封锁线等活动。活动项目设计难度由易到难，活动适宜范围从小学到高中年级，内容形式丰富，有地面也有水上，有个人独立完成也有团队合作共同完成等。

通过系列活动，不仅能使学生的身体协调性、平衡能力等各项身体素质得到充分的锻炼和提高，掌握各项活动技能；还能激发学生的活动兴趣和欲

让孩子灵性成长

望，增强学生不畏艰险、勇于克服困难、征服困难的信心以及享受成功的喜悦；同时能增强学生的心理承受能力，使心理能力得到进一步磨炼和提升。系列活动还能培养学生互相交流合作、互相探讨配合的人际关系和面对困难团结一致，共同合作的团队精神。

野外探险系列活动项目是一条真正能培养和锻炼学生各种能力的"勇敢者的道路"。

二、课程内容

荡索过河

1．适合学段
小学五年级至初中二年级。

2．资源配合
利用营区内自然河道，在水面上架设荡索绳，对岸设保护垫，营造惊险、刺激、富有情趣的水上活动环境。

3．活动目标
（1）培养学生的勇敢顽强精神，锻炼学生胆量；
（2）锻炼学生身体协调能力和身体灵活性；
（3）增强学生自信心，培养学生勇于克服困难的良好心理品质。

4．活动过程
（1）营地辅导员讲解活动方法并示范，学生在辅导员指导下进行试荡体验，掌握动作要领；
（2）掌握动作要领的学生开展活动，对于还没完全掌握动作要领的学生，继续试荡体验，有困难的学生活动时辅导员要做好保护、鼓励和"援救"工作；
（3）辅导员让学生发表自己的活动感受，总结学生活动情况，提高活动的教育效果。

5．注意事项
（1）活动时不可随身携带行李和贵重物品，必须穿运动鞋；
（2）辅导员要正确判断活动有困难的学生，是力量不够导致的生理问题还是害怕失败而不敢活动的心理问题，及时做好鼓励、指导和保护工作。

高 空 铁 索

1．适合学段

小学四年级至初中二年级。

2．资源配合

利用营区内湖与假山之间的跨度和高度，架设有安全保护网的高空铁索，营造惊险、刺激的活动环境。

3．活动目标

（1）培养学生勇敢顽强的精神，挑战自我；

（2）锻炼学生身体平衡协调能力和身体协调性。

4．活动过程

（1）营地辅导员讲解活动方法，学生有序、分批由低到高处进行活动；

（2）学生分组开展活动，辅导员及时辅导并注意观察学生活动情况，发现难以进行活动的学生应及时劝阻；

（3）辅导员总结学生活动情况，点评典型事例。

5．注意事项

（1）活动时不可随身携带行李和贵重物品，必须穿运动鞋；

（2）严格控制活动人数，每批 5 人，由低到高处进行活动；

（3）严禁戏耍、玩闹。

抢 渡

1．适合学段

小学五年级至初中二年级。

2．资源配合

利用营区内自然河道，在两岸铺设码头，利用船和划桨运送营员到达对岸，营造惊险、刺激、激烈、富有情趣的水上活动环境。

3．活动目标

（1）让学生掌握简单的划船技巧，激发学生活动的兴趣；

（2）培养学生间互相配合、团结协作的集体主义精神。

4．活动过程

（1）营地辅导员指导划船技巧，讲解活动方法和安全事项并示范；

（2）学生在中队辅导员或组长指挥下，选出渡手，编好小组；

（3）学生开展活动，分批有序地运送队员渡河，辅导员注意观察活动情况，发现活动中有违规的学生及时做好教育、辅导、保护和"援救"工作；

（4）辅导员总结学生活动情况，表扬优胜小组，点评典型事例。

5．注意事项

（1）活动时不可随身携带行李和贵重物品；

（2）严格控制活动人数和节奏，注意活动安全；

（3）严禁戏耍、玩闹，遵守活动规则。

蜻 蜓 点 水

1．适合学段

小学五年级至初中二年级。

2．资源配合

利用营区内湖，在安全的水面上按一定间隔铺设小木排，在两岸设置码头，营造惊险、刺激、富有情趣的夏令水上活动环境。

3．活动目标

（1）培养学生的勇敢顽强精神，挑战自我；

（2）锻炼学生身体平衡协调能力和身体灵活性；

（3）给孩子创造一个夏令休闲活动，使学生能放松心情，活跃身心。

4．活动过程

（1）营地辅导员讲解活动方法，学生在辅导员控制下有序进行活动；

（2）学生开展活动，辅导员及时辅导并注意观察学生活动情况，发现难以进行活动的学生及时劝阻，做好保护、"援救"工作；

（3）辅导员总结学生活动情况，点评典型事例。

5．注意事项

（1）活动时不可随身携带行李和贵重物品，必须穿运动鞋；

（2）严格控制活动人数和节奏；

（3）严禁戏耍、玩闹，既要灵活又不能猛冲，避免滑倒和伤害；

（4）在来营活动前和学校做好沟通，带好替换衣服。

水 上 攀 登

1. 适合学段

小学五年级至初中二年级。

2. 资源配合

利用营区内自然河道，在水面上架设网坡、高空软梯、滑竿、轮胎桥、铁索和侧网，组合成水上攀登活动设施，对网坡、高空软梯、滑竿等高空活动设保护网和垫子，营造惊险、刺激、富有情趣水上的活动环境。

3. 活动目标

（1）培养学生机智勇敢、敢于挑战自我的良好心理品质，锻炼学生胆量；

（2）锻炼学生的身体协调能力和身体灵活性。

4. 活动过程

（1）营地辅导员讲解活动方法并示范；

（2）请个别学生示范活动，辅导员发现其中问题再进行辅导；

（3）学生有序开展活动，辅导员巡视学生活动情况，发现活动有困难的学生及时做好辅导、保护、鼓励和"援救"工作；

（4）辅导员让学生发表自己的活动感受，总结学生活动情况。

5. 注意事项

（1）活动时不可随身携带行李和贵重物品，必须穿运动鞋；

（2）活动时辅导员注意巡视，严格控制活动人数和节奏；

（3）辅导员要及时发现活动有困难的学生，及时做好鼓励、指导和保护工作。

索 道 过 河

1. 适合学段

小学三年级至初中二年级。

2. 资源配合

利用营区内自然河道，在水面上架设三条索道，下面设保护网。

3. 活动目标

（1）培养学生机智、勇敢、灵活、勇于克服困难的精神；

（2）培养学生之间的团队合作精神，增强集体主义观念。

4. 活动过程

（1）营地辅导员讲解活动方法并示范；

（2）学生分组开展竞赛活动，每组配一名教师或者学生做好保护工作，辅导员注意观察；

（3）每2名学生一批，乘上缆车到达对岸后由后续同学拉回缆车继续活动；

（4）辅导员总结学生活动情况，根据活动情况进行分析、表扬，点评典型事例。

5. 注意事项

（1）活动时不可随身携带行李和贵重物品；

（2）控制活动节奏，严格按照活动要求进行活动，辅导员及时提醒学生注意安全；

（2）严格控制活动人数和节奏；

（3）严禁戏耍、玩闹。

勇走铁索桥

1. 适合学段

小学五年级至初中二年级。

2. 资源配合

利用营区内自然河道，在水面上架设难易不等的铁索桥，下面设保护网，营造惊险、刺激、富有情趣的水上活动环境。

3. 活动目标

（1）培养学生的勇敢顽强精神，锻炼学生胆量，树立敢于克服困难的意志品质及互相协作、互相帮助的集体主义精神；

（2）锻炼学生身体平衡协调能力和身体灵活性；

（3）通过活动，让学生从感性上加深理解红军飞夺泸定桥的情景，对学生进行学习红军"不怕牺牲、不怕困难"的革命传统精神教育。

4．活动过程

（1）营地辅导员讲解活动方法并示范，学生在辅导员指导下有序进行活动；

（2）学生开展活动，辅导员注意观察学生活动情况并及时辅导，发现活动中有困难的学生及时做好保护、"援救"工作；

（3）辅导员总结学生活动情况，点评典型事例。

5．注意事项

（1）活动时不可随身携带行李和贵重物品，必须穿运动鞋；

（2）严格控制活动人数和节奏；

（3）严禁戏耍、嬉闹。

（本附录内容由营地全体教师参与撰写和整理）

后 记

　　2006 年 4 月，中共中央办公厅、国务院办公厅印发《关于进一步加强和改进未成年人校外活动场所建设和管理工作的意见》（以下简称《意见》），《意见》指出，要把校外活动列入学校教育教学计划，逐步做到学生平均每周有半天时间参加校外活动，实现校外活动的经常化和制度化。《意见》还强调，各级教育行政部门要会同共青团、妇联、科协等校外活动场所的主管部门，对校外教育资源进行调查摸底，根据不同场所的功能和特点，结合学校的课程设置，统筹安排校外活动，要把学校组织学生参加校外活动以及学生参加校外活动的情况，作为对学校和学生进行综合评价的重要内容，并且要求中小学校根据教育行政部门的统筹安排，结合推进新一轮课程改革，把校外实践活动排入课程表，切实保证活动时间，并做好具体组织工作，其中特别是要增加德育、科学、文史、艺术、体育等方面课程的实践环节，充分利用校外活动场所开展现场教学。

　　坐落在嘉定区华亭镇浏岛风景区内的上海市少年儿童浏河活动营地，建于 1987 年 5 月 28 日，是一所新型的学生素质教育活动基地。营地充分利用自身地理优势及周边地区的农村、部队、历史文化遗址等教育资源，以"自主、自理、实践、创新"为宗旨，以"野趣、志趣、农趣"为特色，充分结合学校教育，设计开展以学农、学军等为主题的校外教育实践活动，打造出了自己的特色品牌。

　　在营地逐步为越来越多的中小学校选择为校外教育基地的背景下，浏河营地的全体成员开始思考校内外教育如何衔接贯通的问题，并于 2008 年以"青少年野外活动教育与学校教育有机衔接的实践研究"成功申报为上海市教育科学规划课题。在过去的一年多时间里，浏河营地全体成员在顾建国主任的带领下，以课题研究为契机，联合上海市教育科学研究院和嘉定区教师进修学院的专业指导力量进行了卓有成效的探索与实践。研究团队一起合作，一起研讨，在实践中学习，在问题解决中发展智慧，在实践反思中提升思想，最后经过多次的讨论和修改之后，决定把原生态的实践经验和反复思考之后形成的理性认识整合汇聚成图书出版。

全书由上海市教育科学研究院教师发展研究中心胡庆芳博士策划、负责总体框架的设计、各章节稿件的组织及最后的统稿。全书各章节的具体分工如下。

第一章由胡庆芳撰写；第二章第一节由翟鲸、施玉静撰写，第二节由钱赞明、周萍撰写；第三章和第四章第一节由陈培明撰写；第四章第二节由张伟撰写；第五章由王惠萍撰写；第六章和第七章的案例和感言由金维明、孙骊、王惠萍等组织撰写。其中每篇文章的作者名在文中都一一予以注明。

我们感谢上海市教育科学研究院、嘉定区教育局、嘉定区教师进修学院的领导和同行对我们研究工作的积极支持和指导！感谢教育科学出版社对我们草根实践研究的关注和对最终成果的充分肯定！感谢在过去的一年多时间里孜孜不倦、始终充满热情和智慧，进行这项实践创新和理论探索的营地领导和教师，因为正是这样一种积极向上和智趣盎然的研究状态使我们始终朝着心中理想的目标和激情迈进！

我们同时也期待着正在阅读这本书的各位专家和同行，多给我们提宝贵的意见和建议，Closetouch@163. com 永远期待您智慧的启迪！

让我们一起在青少年野外活动教育与学校教育有机衔接这样一个有意义话题的研讨中进步，在积极的思想交流与碰撞中成长！

摆渡者教师书架(现已出版部分)

丛书名称	主编或作者	书　名	定价(元)
大师背影书系	张圣华	《陶行知教育名篇》	24.90
		《陶行知名篇精选》(教师版)	16.80
		《朱自清语文教学经验》	15.80
		《夏丏尊教育名篇》	16.00
		《作文入门》	11.80
		《文章作法》	11.80
		《蔡元培教育名篇》	19.80
		《叶圣陶教育名篇》	17.80
教育寻根丛书	张圣华	《中国人的教育智慧·经典家训版》	49.80
		《过去的教师》	32.80
		《追寻近代教育大师》	29.80
		《中国大教育家》	22.80
杜威教育丛书	单中惠	《杜威教育名篇》	19.80
		《杜威学校》	25.80
		《杜威在华教育讲演》	29.80
班主任工作创新丛书	杨九俊	《班集体问题诊断与建设方略》	19.80
		《班主任教育艺术》	22.80
		《班级活动设计与组织实施》	23.80
新课程教学问题与解决丛书	杨九俊	《新课程教学组织策略与技术》	16.80
		《新课程教学现场与教学细节》	15.00
		《新课程备课新思维》	16.80
		《新课程教学评价方法与设计》	16.80
		《新课程说课、听课与评课》	16.80
新课程课堂诊断丛书	杨九俊	《小学语文课堂诊断》(修订版)	18.60
		《小学数学课堂诊断》(修订版)	18.60
		《小学综合实践活动课堂诊断》	23.60
		《小学品德与生活(品德与社会)课堂诊断》	22.80
名师经验丛书	肖　川	《名师备课经验》(语文卷)	25.80
		《名师备课经验》(数学卷)	25.60
		《名师作业设计经验》(语文卷)	25.00
		《名师作业设计经验》(数学卷)	25.00
个性化经验丛书	华应龙	《个性化作业设计经验》(数学卷)	19.80
		《个性化备课经验》(数学卷)	23.80
	于永正	《个性化作业设计经验》(语文卷)	20.60
		《个性化备课经验》(语文卷)	23.00

丛书名称	主编或作者	书 名	定价(元)
深度课堂丛书	《人民教育》编辑部	《小学语文模块备课》	18.00
		《小学数学创新性备课》	18.60
课堂新技巧丛书	郑金洲	《课堂掌控艺术》	17.80
课改新发现丛书	郑金洲	《课改新课型》	19.80
		《学习中的创造》	19.80
		《多彩的学生评价》	26.00
教师成长锦囊丛书	郑金洲	《教师反思的方法》	15.80
校本教研亮点丛书	胡庆芳	《捕捉教师智慧——教师成长档案袋》	19.80
		《校本教研实践创新》	16.80
		《校本教研制度创新》	19.80
		《精彩课堂的预设与生成》	18.00
		《让孩子灵性成长:青少年野外活动教育创新》	20.00
美国教育新干线丛书	胡庆芳	《美国学生课外作业集锦》	35.80
美国中小学读写教学指导译丛	胡庆芳 程可拉	《教会学生记忆》	22.50
		《教会学生写作》	22.50
		《教会学生阅读:方法篇》	25.00
		《教会学生阅读:策略篇》	24.80
提升教师专业实践力译丛	胡庆芳 程可拉	《创造有活力的学校》	22.50
		《有效的课堂管理手册》	24.00
		《有效的课堂教学手册》	32.80
		《有效的课堂指导手册》	24.80
		《有效的教师领导手册》	25.80
		《提升专业实践力:教学的框架》	30.80
		《优化测试,优化教学》	22.50
		《有效的课堂评价手册》	26.80
中小学教师智慧锦囊丛书	费希尔	《初为人师:教你100招》	16.00
	奥勒顿	《把复杂问题变简单——数学教学100招》	17.00
	格里菲思	《精彩的语言教学游戏》	17.00
	墨菲	《历史教学之巧》	18.00
	沃特金 阿伦菲尔特	《100个常用教学技巧》	16.00
	扬	《管理学生行为的有效办法》	16.00
	鲍凯特	《让学生突然变聪明》	17.00
	库兹	《事半功倍教英语》	17.00
	鲍凯特	《这样一想就明白——100招教会思考》	17.00
	海恩斯	《作文教学的100个绝招》	15.00
教育心理	俞国良 宋振韶	《现代教师心理健康教育》	25.80

丛书名称	主编或作者	书　　名	定价(元)
教师在研训中成长丛书	胡庆芳　林相标	《校本培训创新:青年教师的视角》	21.80
		《教师专业发展:专长的视野》	21.60
		《听诊英语课堂:教学改进的范例》	31.60
其他单行本	胡庆芳	《美国教育360度》	15.80
	徐建敏 管锡基	《教师科研有问必答》	19.80
	杨桂青	《英美精彩课堂》	17.80
	陶继新	《教育先锋者档案》(教师版)	16.80
	单中惠	《西方教育思想史》	59.80
	孙汉洲	《孔子教做人》	27.90
	丰子恺	《教师日记》	24.80
	陶　林	《家有小豆豆》	27.00
	徐　洁	《教师的心灵温度》	26.50
	赵　徽 荆秀红	《解密高效课堂》	27.00
	赖配根	《新经典课堂》	29.00
	严育洪	《这样教书不累人》	27.00

"新课程教学问题与解决丛书"荣获第七届全国高校出版社优秀畅销书一等奖!

《陶行知教育名篇》荣获第八届全国高校出版社优秀畅销书一等奖!

"大师背影书系"荣获第八届全国高校出版社优秀畅销书二等奖!

《名师作业设计经验》(语文卷)、《名师作业设计经验》(数学卷)、《名师备课经验》(语文卷)荣获第17届上海市中小学幼儿园优秀图书三等奖!

《西方教育思想史》荣获全国第二届教育科学优秀成果二等奖(1999)!

在2006年全国教师教育优秀课程资源评审中,"新课程教学问题与解决丛书"中的《新课程教学组织策略与技术》《新课程教学现场与教学细节》《新课程备课新思维》和《新课程说课、听课与评课》被认定为新课程通识课推荐使用课程资源,《陶行知教育名篇》被认定为新课程公共教育学推荐使用课程资源,《课改新课型》被认定为新课程通识课优秀课程资源,《小学语文课堂诊断》被认定为新课程语文课优秀课程资源,《小学数学课堂诊断》被认定为新课程数学课推荐使用课程资源!